डॉ. समीर कुमार सिन्हा पिछले दो दशकों से अधिक समय से वन्यजीवों के संरक्षण में सीधे तौर से जुड़े हुए हैं। आपने स्नातकोत्तर पर्यावरण विज्ञान की पढ़ाई के बाद वन्यजीव प्रबन्धन के मानवीय पहलुओं पर शोध कर पीएच.डी. हासिल की। क़रीब 14 वर्षों तक बिहार के वाल्मीकि टाइगर रिज़र्व में बाघों के संरक्षण के ऊपर वैज्ञानिक अध्ययन एवं प्रबन्धन के साथ–साथ स्थानीय लोगों से जुड़कर काम किया।

बाघों के अतिरिक्त इनकी रुचि और विशेषज्ञता जलीय जीवों जैसे गंगा की डॉल्फिन और घड़ियालों के संरक्षण में भी है। काम के सिलसिले में देश के विभिन्न भागों में वन्यजीव बहुल आश्रयणियों, राष्ट्रीय उद्यानों और टाइगर रिज़र्वों मे आना–जाना लगा रहता है।

राष्ट्रीय व्याघ्र संरक्षण प्राधिकरण, पर्यावरण, वन एवं जलवायु परिवर्तन मन्त्रालय भारत सरकार के द्वारा मनोनीत विशेषज्ञ के रूप में देश के क़रीब दो दर्ज़न टाइगर रिज़र्व के प्रबन्धन के मूल्यांकन का काम किया। इस दौरान उन्हें देश के कई नामी–गिरामी टाइगर रिज़र्व को नज़दीक से देखने का मौक़ा मिला। इस पुस्तक में कई उन टाइगर रिज़र्व की कहानियाँ भी शामिल हैं।

डॉ. सिन्हा, राष्ट्रीय एवं राज्य स्तरीय कई विशेषज्ञ समितियों के सदस्य हैं। वह क़रीब 10 वर्षों तक बिहार राज्य वन्य प्राणी परिषद् के सदस्य रहे हैं। इंटरनेशनल यूनियन फॉर कंज़र्वेशन ऑफ़ नेचर (आई.यू.सी.एन.) संस्था के वर्ल्ड कमीशन ऑन प्रोटेक्टेड एरिया और कमीशन ऑन इकोसिस्टम मैनेजमेंट के सदस्य भी हैं।

लेखन में पुरानी रुचि है। वैज्ञानिक लेखन के साथ–साथ, पर्यावरण एवं वन्यजीवों के ऊपर आम जनों के लिए हिन्दी और अंग्रेज़ी पत्र–पत्रिकाओं एवं वेबसाइटों पर 70 से अधिक आलेख प्रकाशित हो चुके हैं। वर्तमान में वन्यजीव संरक्षण हेतु समर्पित ग़ैर–सरकारी संस्था वाइल्डलाइफ़ ट्रस्ट ऑफ इंडिया में कार्यरत हैं।

ईमेल : samir.wild@gmail.com

डॉ. विनीता परमार पन्द्रह वर्षों से अधिक समय से पर्यावरण संरक्षण एवं पर्यावरणीय शिक्षा से जुड़ी हुई हैं। आपने स्नातकोत्तर पर्यावरण विज्ञान की पढ़ाई के बाद गंगा जल गुणवत्ता सूचकांक पर शोध कर पीएच.डी. हासिल की। तरुमित्र संस्था के साथ बिहार एवं देश के विभिन्न विद्यालयों में पर्यावरण जागरूकता एवं संरक्षण पर कार्य किया।

शोध में रुचि के कारण खरपतवार विज्ञान एवं अनुसन्धान निदेशालय, जबलपुर में महिला वैज्ञानिक योजना के तहत ग्रामीण महिलाओं के आर्थिक उत्थान का कार्य किया। विभिन्न खरपतवार नाशकों का पानी की गुणवत्ता पर प्रभाव का सूचकांक विकसित किया। मानकुँवर बाई शासकीय महाविद्यालय, जबलपुर में शिक्षण कार्य किया।

पर्यावरण एवं अर्थशास्त्र के अनुभवों को योजना आयोग (वर्तमान नीति आयोग) के डिपार्टमेंट ऑफ़ इनवायरनमेंट एवं फॉरेस्ट अनुभाग में यंग प्रोफ़ेशनल के रूप में क्रियान्वित किया।

आपने स्नातकोत्तर शिक्षा (एम.एड.) के दौरान नैतिक कहानियों का पर्यावरण संरक्षण में योगदान पर कार्य किया। इस दौरान बच्चों के लिए कहानियाँ लिखीं।

शोध के दिनों में सृजन प्रकाशन, नयी दिल्ली से कक्षा छठी एवं ग्यारहवीं की पर्यावरण विज्ञान (ग्रीन अर्थ) की पुस्तकें प्रकाशित हुईं। लेखन में पुरानी रुचि है। वैज्ञानिक एवं सामाजिक लेखन के साथ–साथ, पर्यावरण पर हिन्दी और अंग्रेज़ी पत्र–पत्रिकाओं एवं वेबसाइटों पर आलेख प्रकाशित हो चुके हैं।

हिन्दी साहित्य में रुचि ने हाल के वर्षों में कविताओं और कहानियों की ओर खींचा। प्रतिष्ठित पत्रिकाओं में कविताओं एवं कहानियों का प्रकाशन। *दूब से मरहम* (कविता संकलन) बोधि प्रकाशन, जयपुर से तथा *धप्पा* (संस्मरण संग्रह) रश्मि प्रकाशन, लखनऊ से प्रकाशित। वर्तमान में केन्द्रीय विद्यालय में विज्ञान शिक्षिका के रूप में कार्यरत साथ–ही–साथ सक्रिय लेखन से जुड़ी हुई हैं।

ईमेल : vineetaprmr@gmail.com

बाघ

विरासत और सरोकार

वाणी
पृथ्वी

डॉ. समीर कुमार सिन्हा
डॉ. विनीता परमार

वाणी प्रकाशन

वाणी प्रकाशन

4695, 21-ए, दरियागंज, नयी दिल्ली 110 002

फ़ोन : +91 11 23273167 फ़ैक्स : +91 11 23275710

शाखाएँ

अशोक राजपथ, पटना 800 004, बिहार

कॉफ़ी हाउस कैम्पस, महात्मा गाँधी मार्ग, इलाहाबाद 211 001, उत्तर प्रदेश

महात्मा गाँधी अन्तरराष्ट्रीय हिन्दी विश्वविद्यालय, वर्धा 442 001, महाराष्ट्र

www.vaniprakashan.com
marketing@vaniprakashan.in
sales@vaniprakashan.in

Bagh : Virasat Aur Sarokar
by Dr. Samir Kumar Sinha & Dr. Vineeta Parmar

ISBN : 978-93-5518-315-6
Social Science/Non-Fiction

पेपरबैक प्रथम संस्करण : 2022, प्रकाशित प्रतियाँ : 300

मूल्य : ₹ 399

सभी फ़ोटो : समीर कुमार सिन्हा

आर. टेक ऑफ़सेट प्रिंटर्स, दिल्ली-110 032 में मुद्रित

वाणी प्रकाशन का लोगो मक़बूल फ़िदा हुसेन की कूची से

देश में वन एवं वन्य जीव सम्पदा को बचाने में लगे

हज़ारों वनकर्मियों को समर्पित

हमारी म्याऊँ...

पौधे और पेड़, सूर्य और चन्द्रमा, पृथ्वी और आकाश, जल और अग्नि, पर्वत और नदियों को किसी न किसी रूप में सम्मानित किया जाता है और पूजा की जाती है। आज दुनिया हवा, पानी और भूमि के प्रदूषण की गम्भीर समस्याओं की जकड़ में है। प्राकृतिक संसाधन तेज़ी से समाप्त हो रहे हैं। यहाँ तक कि जंगलों, घास के मैदानों और महासागरों जैसे अक्षय संसाधन भी क्षरण की अवस्था में हैं, क्योंकि इनके प्राकृतिक चक्रों में बनने की तुलना में उपयोग की दर बहुत तेज़ है।

वायु, जल और भूमि, जीवन की तीन मूलभूत आवश्यकताएँ धीरे-धीरे उपयोग के लिए अनुपयुक्त हो रही हैं। ग्लोबल वार्मिंग और ओजोन क्षरण जैसे वैश्विक पर्यावरणीय समस्याओं ने धरती पर जीवन के अस्तित्व को ख़तरे में डाल दिया है। आज, मानव जाति को भी संकट का सामना करना पड़ रहा है: "जीवन रक्षा का संकट"। मानवीय जीवन की दशा एवं दिशा पारिस्थितिकीय सन्तुलन पर निर्भर है, जिसका रिमोट आहार-श्रृंखला के शीर्ष पर बैठे बाघ के हाथों में है। बाघ कभी एक विस्तृत साम्राज्य का राजा हुआ करता था। आज स्थिति उलट है, क्योंकि जंगल सिकुड़ते जा रहे हैं इनका स्थान कंक्रीट के जंगल, खेत, डैम, सड़क, खदान, बस्तियाँ और औद्योगिक परिसर लेते जा रहे हैं। मनुष्य ने बाघ के घर को छीना है। लोग यह भूल गये कि बाघ है तो जंगल है और फिर जंगल ही नदी की माँ है। नदियों का होना, जीवों का होना और नदी किनारे की बसाहट जंगल की उपलब्धता पर निर्भर है। पारिस्थितिकी तन्त्र के ताने-बाने से बाहर निकल कर झाँकने पर हम पाते हैं कि बाघ

हमारी सांस्कृतिक विरासत का एक अहम् हिस्सा रहा है और आज भी यह आम लोगों के बीच सबसे अधिक रोमांच पैदा करने और देखने की लालसा उद्वेलित करने वाला वन्यजीव है।

भारत दुनिया में पाये जाने वाले 80% जंगली बाघों का घर है। अतः इस जीव के संरक्षण की सर्वाधिक ज़िम्मेदारी इसी देश के कन्धों पर है। भारत में बाघ संरक्षण पर बहुत सारे काम किये गये, लेकिन आमजन, शोधार्थी, विद्यार्थी आदि इस बात से मोटे तौर पर अनभिज्ञ हैं कि दहाड़ लगाने वाला बाघ हमारी प्रगति का बाधक नहीं बल्कि नदियों का रक्षक है, हमारी आने वाली पीढ़ी का अभिभावक है। ब्रिटिश शासन ने भारत के जंगलों का दोहन किया और हमें बाघों को आशियाने से बेदखल करने के तरीके सिखा गये। हालाँकि, उन्होंने जंगलों के छोटे-छोटे हिस्से वन्यजीवों के संरक्षण के नाम करने के चलन की शुरुआत की–नेशनल पार्क और अभयारण्यों को बनाकर। उन्हीं क़दमों पर चलते हुए हमने क़रीब 900 संरक्षित क्षेत्रों को वन्यजीवों को विलुप्ति से बचाने का हथियार बनाया है। बाघों के पारिस्थितिक तन्त्र के संरक्षण में अभयारण्यों (सैंक्चुअरी) एवं राष्ट्रीय उद्यानों को मिलाकर बनाये गये टाइगर रिज़र्व अहम भूमिका निभा रहे हैं। हर टाइगर रिज़र्व अपनी एक अद्‌भुत कहानी लेकर जीता है। बाघों के संरक्षण का झण्डा थामे एवं स्थानीय संस्कृति के ख़ज़ाने को सँजोये इन टाइगर रिज़र्वों के विभिन्न पहलुओं को सामान्य जन तक पहुँचाने की ज़रूरत है। आज भी अधिकतर लोग संरक्षण और बाघ को सिर्फ़ शोध का विषय मानते हैं। बाघों के संरक्षण की सम्यक जानकारियाँ अंग्रेज़ी में ही उपलब्ध हैं, अतः हिन्दी में बाघ विषयक किताब की आवश्यकता को देखते हुए प्रस्तुत पुस्तक के माध्यम से विभिन्न पाठक वर्गों को बाघ संरक्षण के सरोकार और उससे जुड़े तथ्यों के साथ टाइगर रिज़र्वों की प्राकृतिक और सांस्कृतिक विरासत को सहेजने और रोचक रूप में प्रस्तुत करने की चेष्टा की गयी है। बाघ के साथ यात्रा विवरण जंगल के अन्दर और बाहर की यात्रा करते हुए पर्यावरणीय जागरूकता हेतु बढ़ाया गया एक क़दम होगा। आशा है यह पुस्तक एक निर्देशिका का भी कार्य करेगी।

डॉ. समीर कुमार सिन्हा
डॉ. विनीता परमार

अनुक्रम

बाघ : जीवन के आस

बाघ शब्द सुनते ही हमारे ज़ेहन में घने जंगल के बीच एक रौबदार जीव की तस्वीर उभरती है जो अतुलनीय शक्ति का परिचायक होता है। क़रीब 20 लाख सालों से जंगल से आच्छादित धरती के टुकड़ों पर राज करते हुए इस शानदार जीव ने वक़्त के थपेड़ों को सहते हुए भी अपने अस्तित्व को बचाये रखा,[1] लेकिन; बनती-बिगड़ती परिस्थितियों में जंगल जब हाशिये पर गये तो बाघ भी हमारी कथाओं में शामिल होते गये। केदारनाथ सिंह अपनी एक कविता में कहते हैं कि-

'कथाओं से भरे इस देश में
मैं भी एक कथा हूँ
एक कथा है बाघ भी
इसलिए कई बार
जब उसे छिपने को नहीं मिलती
कोई ठीक-ठीक जगह
तो वह धीरे-से उठता है
और जाकर बैठ जाता है
किसी कथा की ओट में'

बढ़ती मानवीय जनसंख्या और उसकी ज़रूरतों ने जंगलों को सिकुड़ने पर मज़बूर कर दिया है। दूसरी तरफ़ जंगल और दहाड़ एक-दूसरे के पूरक हैं।

---

1. O'Brien, S. J. and Johnson, W.E. 2007. The Evolution of Cats, Sceintific American, July, pp. 68-75.

आज भी बाघ की दहाड़ का भय बनाकर बच्चों को माँ अपने आँचल में छुपाती है, लेकिन समय ने ऐसी करवट बदली कि दहाड़ने वाले अब छुपने को मजबूर हैं। अपनी दहाड़ से लोगों को दहलाने वाले आज अपनी अस्तित्व की लड़ाई लड़ रहे हैं।

'जहाँ बाघ हैं वहाँ जंगल है; वहाँ नदियों का उद्‌गम है। वहाँ असंख्य पेड़-पौधे और जीव-जन्तु हैं। वहाँ आदिवासी संस्कृति है या यूँ कह लीजिए जहाँ बाघ हैं वहाँ जीवन और जीवनदायिनी चीज़ें हैं।'

जंगलों के कम होने का असर बाघों की संख्या और सेहत पर पड़ा ही, साथ ही साथ पहले शौक़िया शिकार और अब अंगों की तस्करी ने भी बाघों का गला घोंटा। बाघ की आँख (टाइगर्स आई) के नाम से बिकते महँगे पत्थर लोग खुद को बुरी नज़र से बचाने के लिए पहनते हैं, लेकिन बाघ स्वयं ही इन्सानों की बुरी नज़र से नहीं बच पाये। आज पर्यटन की सुविधाओं के साथ इन्सानी आँखों के अलावा लम्बे-लम्बे लेन्सों से बाघों को तलाशते कैमरों का प्रवेश राजा की ज़िन्दगी के हर पहलुओं को क़ैद करता है। दुनिया को दिखाता है कि बाघ अभी ज़िन्दा हैं। इन्सान ऐसा करते समय लगभग हर बार ही भूल जाता है कि इस राजा की भी निजता है। जिसमें मानवीय हस्तक्षेप गैर-ज़रूरी है। अपनी निजता को खोता बाघ सीधे तौर पर हमारी पारिस्थितिकी तन्त्र से जुड़ा हुआ है। बाघ सिर्फ़ जुड़े ही नहीं हमारे अस्तित्व की एक डोर सदा इनके ही हाथों में है।

बनैला होना मज़बूत और सरल होना है। बाघ बनैलापन की पराकाष्ठा और आख़िरी निशानी हैं। सूरज की रोशनी से प्राप्त ऊर्जा को जब हरे पौधे भोजन में बदल देते हैं तो एक कड़ी बनती जाती है। इस भोजन से प्राप्त उर्जा को अगले स्तर तक पहुँचाने की ज़िम्मेदारी पेड़-पौधों के बाद कमज़ोर से शक्तिशाली बनते जीव की तरफ़ बढ़ते जाती है। इस क्रम में सबसे शक्तिशाली माने जानेवाले जीव यानि बाघ को इस भोजन-शृंखला के सबसे अन्त में गिना जाता है, लेकिन, प्रकृति में भोजन और भोज्य को सन्तुलित करने में इसकी सबसे महती भूमिका होती है। बाघ इस कड़ी के सबसे आख़िरी पायदान पर बैठा एक परभक्षी प्राणी है। जिसकी चर्चा विज्ञान की किताबों में हिरणों को नियन्त्रित कर घासों के बचाने और एक सन्तुलन स्थापित रखने के उदाहरण के तौर पर हर बच्चे को सिखाया जाता है।

एक जंगल को स्वस्थ होने के लिए पेड़, पहाड़, पानी और हर तरह के जीवों का होना ज़रूरी है। जंगल के राजा बाघ की ताकत जंगल की स्थिति को चित्रित करता है। बाघों की संख्या कम होते ही उसके शक्ति क्षेत्र का क्षरण शुरू होने लगता है। सत्ता की पकड़ कमज़ोर होते ही शाकाहारी जीवों की अन्धाधुन्ध बढ़ोतरी होने लगती है। इससे प्राकृतिक हरियाली पर ख़तरा बढ़ जाता है। प्रकृति की गोद में यह हरियाली भी तो सीमित मात्रा में ही है। हमारी जीवनदायी ऑक्सीजन के लिए पेड़ों पर निर्भरता की बात बच्चा-बच्चा जानता है। प्रकृति में हर चीज़ लगभग अपने चक्र में चलती है और ऊर्जा का प्रवाह होता है। ऊर्जा गतिशील है, इसका ना तो क्षरण होता है न ही निर्माण, लेकिन हर अगले चरण में ऊर्जा कहीं-न-कहीं खो जाती है। जब संख्या और मात्रा के आधार पर ऊर्जा की बात होती है तो भोजन-श्रृंखला के हर एक पायदान पर बैठा जीव भोजन से अर्जित उर्जा का सिर्फ़ दस प्रतिशत ही अपने संहारक को देता है।[2] इस प्रकार ऊर्जा का क्षरण होते-होते आहार-श्रृंखला के शिखर पर बैठे राजा के लिए सबसे कम ऊर्जा बचती है।

पारिस्थितिकी तन्त्र के संचालन में बाघों की इस भूमिका को हमारे पूर्वजों ने जाना और पहचाना और इसे बचाने के प्रयासों को अपनी संस्कृति का हिस्सा बनाया। जंगल और जीवों को अपनी आदतों में बसाया। इसके महत्व से आने वाली पीढ़ियों को परिचित कराने के लिए विभिन्न माध्यमों का सहारा लिया। अब पीढ़ियों ने मनुष्यों की बढ़ती संख्या से नीले ग्रह के संसाधनों को लीलते हुए देखा है। मानव महाविनाश की ओर बढ़ाते अपने क़दमों के परिणामों को जान तो रहा है फिर भी उसकी अनदेखी कर रहा है। अट्टालिकाओं की मन्ज़िलों और धुएँ के गुबार में अपनी प्रगति को तलाशती और इतराती वर्तमान व्यवस्था शायद प्रकृति की नाजुक बन्धनों के ज्ञान को किताबों के पन्नों से बाहर नहीं निकालना चाहती है। बाघ इसके सबसे भरोसेमन्द सूचक हैं जो न सिर्फ एक प्रजाति के अस्तित्व को दर्शाते हैं बल्कि एक सम्पूर्ण नैसर्गिक जैव-व्यवस्था और उसके सन्तुलन को चित्रित करते हैं।

---

2. Lindman, R. L. 1942. The trophic-dynamic aspects of ecology, Ecology, 23: 399-418.

बाघों की सिमटती दुनिया

बाघ भारत ही नहीं बल्कि कई अन्य एशियाई देशों की सांस्कृतिक विरासत और पहचान हैं। साहस के प्रतीक के रूप में शकुन्तला पुत्र भरत बाघ से खेलते नज़र आते थे और उसी साहसी व्यक्ति के नाम पर इस देश का नाम भारत पड़ा। वास्तविकता या किंवदन्तियों से परे भरत का बाघ से खेलना, बाघ को शक्ति का प्रतीक बताना हमारी सभ्यता की मज़बूत पकड़ को बताता है। बाघ चीनी राशि चक्र के बारह जानवरों में से एक है तो चीनी कला में पृथ्वी तत्व माना गया है। कोरियाई संस्कृति में बाघ को एक रक्षक के रूप में दिखलाया गया है जो एक संरक्षक के रूप में बुरी आत्माओं को दूर रखता है।

शालीनता, दृढ़ता, फुर्ती और शक्ति के इस प्रतीक को चार एशियाई देशों–भारत, मलेशिया, दक्षिण कोरिया और बांग्लादेश के राष्ट्रीय पशु होने का गौरव प्राप्त है। सदी पूर्व इस धरती पर लाखों की संख्या में पाया जानेवाला बाघ आज सिमटकर हज़ारों में रह गया है। केवल एशिया महादेश में पाया जानेवाला यह जीव एक समय पश्चिम में तुर्की से लेकर पूरब में रूस के पूर्वी तट तक राज करता था। पिछले 150 सालों में बाघों की रियासत क़रीब 93% सिमटकर दक्षिणी, उत्तरी एवं दक्षिण पूर्वी एशिया में बची रह गयी है; वो भी काफ़ी खण्डित रूप में। दक्षिण–पश्चिम और मध्य एशिया, जावा, बाली और दक्षिण पूर्व और पूर्वी एशिया के बड़े भू–भाग को अलविदा कह चुका है। भारतीय उप–महाद्वीप में भी इसके विस्तार में 89% की कमी दर्ज़ हुई है। दूसरी तरफ़ इसके विस्तार में कमी के साथ ही साथ दिन–ब–दिन यह अपनी संख्या भी खोते जा रहा है।

---

3. Tilson, R. and Nyhus, P. J.(Eds), 2010 Tigers of the World: The Science, Politics and Conservation of *Panthera tigris,* 2nd Edition, Academic Press.
4. As above
5 Jhala, Y.V., Qureshi, Q. and Nayak, A.K. (eds) 2020. Status of tigers, copredators and prey in. India, 2018. National Tiger Conservation Authority, Delhi.

आज विश्व के बाघ केवल बांग्लादेश, भारत, नेपाल, भूटान, म्यांमार, चीन, रूस, वियतनाम, कम्बोडिया, लाओस, मलेशिया, इण्डोनेशिया और थाईलैंड अर्थात् 13 देशों में पाये जाते हैं।[3] बिखरे आँकड़ों को जोड़ने पर इनकी कुल संख्या 4600 के क़रीब पहुँचती है; जिसमें 3000 के क़रीब बाघ भारत में पाये जाते हैं।[4, 5]

आदिम सम्बन्धों में बाघ

भारतीय संस्कृति की गहराइयों में बसे बाघों से आदिम मनुष्यों के सम्बन्धों को आगे के अध्यायों में देखा जा सकता है। सिन्धु घाटी सभ्यता में पशुपति मुहरों पर बाघ के चित्र हो या शक्ति की प्रतीक देवी दुर्गा की सवारी हो। कहीं-कहीं पार्वती को भी बाघ की सवारी करते दिखलाया गया है। प्राचीनकाल से बाघ को सवारी बनाने या उसकी पूजा करने के पीछे की अवधारणा में स्थलीय तन्त्र पर सर्वाधिक शक्तिशाली जीव को प्रतीकात्मक रूप से महत्व देना है। हिन्दू मंतव्यों में आहार-शृंखला के सभी जानवरों को देवी-देवताओं की सवारी के रूप में बतलाया गया है। उदाहरणस्वरूप जब शिव परिवार को देखा जाता है तो पार्वती की सवारी बाघ तो गणेश की सवारी चूहा, दूसरी तरफ़ शिव के गले में लटकता नाग और कार्तिकेय की सवारी मोर, दूर खड़ा नन्दी तो लक्ष्मी के पास बैठा उल्लू। अगर इनके रिश्तों की बात की जाये तो सबसे छोटे चूहे का आहार नाग तो नाग को खानेवाला मोर और नन्दी को खानेवाला बाघ एक ही परिवार के सभी सदस्यों की सवारी है। यथास्थिति आने पर एक-दूसरे की जान नहीं बख्शने वाले जब प्रेमपूर्ण माहौल में रहते हैं तो संरक्षित रहते हैं।

हमारे देश में आदिवासियों के टोटम और गोत्रों की निशानियों के रूप में बाघ रहे हैं। छत्तीसगढ़ और झारखण्ड में आदिवासी अपने गोत्र का नाम पेड़ों व पशु-पक्षियों के नाम पर रखते हैं। ऐसा करने के पीछे जीवों और पर्यावरण की रक्षा की मन्शा होती है। जिस पेड़, पशु या पक्षी के नाम से गोत्र जुड़ गया उसे बचाना उसकी रक्षा करना अपना धर्म मानते हैं।

6. Goswami, M.P. Tourism and Tribes: A Study of the Concept and Practice

उनके गोत्रों में शामिल है बासुकि (नाग), माकड़ी (बन्दर), बघेल (बाघ), गोटा (बकरा) आदि।[6]

भारत में शक्तिशाली चोल राजवंश ने बाघ को प्रतीक के रूप में इस्तेमाल किया है। चोलों ने अपने सिक्के, मुहरों के अलावा अपने पताकाओं में बाघ के चित्रों का प्रयोग किया। दक्षिण भारतीय देवता अयप्पन बाघ से जुड़े हुए थे। बौद्ध धर्म तीन संवेदनशील जानवरों की बात करता है-क्रोध का प्रतीक बाघ तो लोभ का बन्दर और प्रेम दर्शाने वाला हिरण।

बाघों की छत्रछाया

बाघ एक करिश्माई जीव के साथ-साथ वन्यजीव संरक्षण का राजदूत और प्रतिमूर्ति भी है। यह एक ऐसी प्रजाति है जिसमें आम जनों में संरक्षणवादी भावना को उद्वेलित करने की असीम शक्ति है। अगर यह कहें कि बाघ वन्यजीव संरक्षण का झण्डा उठाये हुए है तो अतिशयोक्ति नहीं होगी।

इन सबसे इतर यह सबसे महत्त्वपूर्ण है कि बाघ का जीवन एक बड़े छाते के समान है। जिसकी छाँव या आड़ में कई अन्य जीव जीते हैं। प्रकृति की एक व्यवस्था चलती है। इसी कारण संरक्षणकर्ता इसे 'अम्ब्रेला स्पीशीज़' भी कहते हैं। बाघों को बचाने का मतलब प्रकृति के उस ताने-बाने को बचाना जो असंख्य जीवों को जीवन देती है। बाघ न सिर्फ़ खाद्य-जाल का रक्षक एवं हमारी भावनाओं का पालक है बल्कि उपजाऊ मिट्टी, साफ़ पानी और सन्तुलित जलवायु का नियन्त्रक और नैसर्गिक व्यवस्थाओं का संचालक भी है।

बाघ हैं तो जंगल हैं और जंगल हैं तो नदियाँ हैं। नदियों की माँ जंगल ही तो है। जंगल है तो बारिश भी है और धरती की हरीतिमा का पोषण करती उपजाऊ मिट्टी भी। बारिशों की वजह से जी उठते हैं जंगल और उसके अन्दर रहनेवाले जीव। पेड़-पौधों तथा जानवरों की कई जातियों के साथ मनुष्यों की आने वाली पीढ़ियों की साँस कहीं-न-कहीं बाघ की मुट्ठी में बन्द है। एक भी बाघ का अप्राकृतिक रूप से धरती को अलविदा कहना इस व्यवस्था को ध्वस्त करना या खुद के पैरों पर कुल्हाड़ी मारने के समान है।

मानव सभ्यताओं को सींचते बाघ

मानवीय सभ्यताएँ नदियों या यूँ कहें तो जल-स्त्रोतों की गोद में पली और बढ़ी हैं। अधिकतर नदियाँ उन जंगलों से निकलती हैं या गुज़रती हैं जहाँ बाघों का बसेरा है। अनुमानित तौर पर भारत में बाघ अधिवासित जंगल क़रीब 600 नदियों का पोषण करते हैं।[7] भारत के जितने भी टाइगर रिजर्व हैं उनसे होकर नदियाँ बहती हैं। अगर भारत के विभिन्न राज्यों में बसे टाइगर रिजर्वों पर एक दृष्टि डाली जाये तो हर रिजर्व को एक नदी ने पाल रखा है। दक्षिण स्थित राज्य की बात करें तो कर्नाटक के बाँदीपुर टाइगर रिजर्व से कबिनी और मोयर नदी बहती है। तमिलनाडु के कालाकड मुन्दनतुरई टाइगर रिजर्व को 'रिवर सैंक्चुअरी' भी कहते हैं; यहाँ से चौदह नदियाँ निकलती हैं। केरल के पेरियार टाइगर रिजर्व से पेरियार नदी बहती है। गोदावरी और क़दम नदी के जलग्रहण क्षेत्र में बसा है तेलंगाना का कवल टाइगर रिजर्व। तमिलनाडु, केरल और कर्नाटक राज्यों की सीमा पर तमिलनाडु के मुदुमलई टाइगर रिजर्व से बहती हुई मोयर नदी आगे चलकर मुदुमलई और बाँदीपुर की सीमा बनाती है। महाराष्ट्र, मध्य प्रदेश और उत्तराखण्ड की महत्त्वपूर्ण नदियाँ इन टाइगर रिजर्वों से होकर बहती हैं। सुदूर पूर्वोत्तर भारत की जीवनदायिनी नदियाँ टाइगर रिजर्वों से होकर ही बहती हैं। अरुणाचल प्रदेश के कामलांग टाइगर रिजर्व से बहती कामलांग नदी हो या असम के नामेरी टाइगर रिजर्व से होकर बहने वाली जिया भोरेली नदी। ये सारी नदियाँ हमारे जंगलों के साथ वैश्विक रिश्ते और सभ्यताओं की कहानियाँ कहती है। भारत के उत्तर-दक्षिण, पूरब-पश्चिम को ज़िन्दा रखनेवाली नदियों के साथ नेपाल एवं तिब्बत से निकलने वाली नदियाँ उत्तराखण्ड से लेकर असम तक टाइगर रिजर्वों से होकर बहती हैं। इन नदियों की जलधार में जीवन पाने वाले बाघों ने अपनी मुट्ठी में हमारी नदियों, बारिशों और आनेवाली पीढ़ियों की ख़ुशियों को समेटकर रखा है।

7. Verma, M. and Mallick, A. 2020. Securing India's tiger habitats and natural assets for preventing future pandemics, Mongabay (https://india.mongabay.com/2020/07/commentary-securing-indias-tiger-habitats-and-natural-assets-for-preventing-future-pandemics/)

टाइगर रिजर्वों के बाजार भाव

वन और बाघ हमें विविध अनमोल नैसर्गिक सेवाएँ देते हैं, लेकिन बाघों को बचाने की मुहिम में जंगल, पानी, जैव-विविधता, विभिन्न संस्कृतियों को संरक्षित करने एवं पारिस्थितिकीय सन्तुलन की बात को आम-जनों और नीति निर्धारकों को सुगमतापूर्वक समझाना एक पेचीदा मामला हो जाता है। अब वैज्ञानिकों ने पारिस्थितिकी और उसकी सेवाओं को मुद्रा के रूप में दुनिया को समझाने का एक रास्ता निकाल लिया है। इस अर्थ युग में हर एक चीज़ के भाव लगाने और धन के तराजू पर तौलने के मद्देनज़र राष्ट्रीय व्याघ्र संरक्षण प्राधिकरण की पहल पर जानी-मानी संस्था इंडियन इंस्टीट्यूट ऑफ फॉरेस्ट मैनेजमेंट, भोपाल ने देश के कई टाइगर रिजर्वों के आर्थिक महत्त्व के विभिन्न पहलुओं के परिपेक्ष्य में जानने की चेष्टा की। दो चरणों में किये गये अध्ययनों की रिपोर्ट 2015 ई. और 2019 ई. में आयी।

कुल सोलह टाइगर रिजर्वों में कॉर्बेट (उत्तराखण्ड), कान्हा (मध्य प्रदेश), काजीरंगा (असम), पेरियार (केरल), रणथम्भौर (राजस्थान), सुन्दरबन (पश्चिम बंगाल), अन्नामलाई (तमिलनाडु), बाँदीपुर (कर्नाटक), दुधवा (उत्तर प्रदेश), मेलघाट (महाराष्ट्र), नागार्जुन सागर श्रीसैलम (आन्ध्र प्रदेश), पाक्के (अरुणाचल प्रदेश), पलामू (झारखण्ड), पन्ना (मध्य प्रदेश), सिमलीपाल (ओडिशा) और वाल्मीकि (बिहार) शामिल थे। अध्ययन में पाया गया कि अर्थ के रूप में ये टाइगर रिजर्व 8.3-162.02 अरब रुपये के बराबर वार्षिक सेवाएँ देते हैं। इन टाइगर रिजर्वों से प्रति हेक्टेयर प्रति वर्ष 50 हजार से 7.4 लाख रुपये के बराबर के फ़ायदे होते हैं। अध्ययन में कई ऐसी चीज़ें थी जिसका मोल नहीं लगाया जा सकता।[8,9] किसी भी टाइगर रिजर्व के संरक्षण के साथ उसके पारिस्थितिकी से प्राप्त

---

8. Verma, M. et al. 2015.Economic Valuation of Tiger Reserves in India: A Value+ Approach. Indian Institute of Forest Management. Bhopal, India.
9. Verma, M. et al. 2019. Economic Valuation of Tiger Reserves in India: Phase II. Indian Institute of Forest Management. Bhopal, India.

सेवाओं को ध्यान में रखा जा सकता है। आज पूरा विश्व जलवायु परिवर्तन की समस्या से जूझ रहा है जिसका मुख्य कारण कार्बन-डाइऑक्साइड जैसे ग्रीन हाउस गैस का अत्यधिक उत्सर्जन है। इसके अवशोषण में टाइगर रिजर्व के जंगलों की बहुत बड़ी भागीदारी है। जलवायु परिवर्तन के कुप्रभावों से लड़ने में बाघों के इन पनाहगाहों की भूमिका बहुत ही बड़ी है।

बाघ और वनों के बचाने के अनगिनत प्रत्यक्ष या परोक्ष कारण मौजूद हैं। बाघों को जानना और इससे जुड़ी जानकारियों को घर-घर ले जाकर इसके मानव-जीवन संरक्षक की भूमिका से रू-ब-रू कराकर इसके लिए एक सुनहरे भविष्य की कल्पना की जा सकती है।

म्याऊँ से दहाड़ तक

बाघ बिल्ली परिवार का सदस्य है। वैज्ञानिक इस परिवार को 'फेलिड' नाम से भी पुकारते हैं। इस परिवार की वंशावली में बाघ जैसे बड़े एवं पालतू बिल्ली जैसी छोटी बिल्लियाँ भी शामिल हैं। वर्तमान बिल्ली परिवार का उद्गम क़रीब 10.8 मिलियन वर्ष पहले अर्थात् 1 करोड़ 8 लाख वर्ष पहले हुआ।[10] यह वह समय था जब पृथ्वी पर गर्मी बढ़ रही थी और जंगल और घास के मैदान अस्तित्व में आ रहे थे। उसके साथ ही घास खानेवाले शाकाहारी जानवर अस्तित्व में आ रहे थे। क़रीब 64 लाख वर्ष पहले धरती पर प्राकृतिक व्यवस्था और अनुरूपता के अनुसार बिल्ली वंश में सबसे पहले बड़े आकार के जीवों की उत्पत्ति शुरू हुई। इसी समय बाघ, सिंह या शेर, जगुआर, तेन्दुआ, हिम तेन्दुआ जैसे पैन्थेरा जाति (जीनस) के जीव बादली तेन्दुओं और बोर्नियो बादली तेन्दुओं जैसे नेओफैलिस जाति के बिल्लियों से अलग हुए।[11] प्रकृति ने बिल्ली वंश की 37 प्रजातियों में से दहाड़ मारने के लिए स्वर-तन्त्र केवल पैन्थेरा जाति के जीवों को ही दिया। इनके स्वर-तन्त्र लचीले तथा कम अस्थिकृत होते हैं, बाकि सब 'म्याऊँ-म्याऊँ' वाले हैं जिनके स्वर-तन्त्र अस्थिकृत होते हैं।[12]

---

10. O'Brien, S. J. and Johnson, W.E. 2007. The Evolution of Cats, Sceintific American, July, pp. 68-75.
11. As above
12. Weissengruber, G. E., etal. 2003. Hyoid apparatus and pharynx in the lion *(Panthera leo)*, jaguar *(Panthera onca)*, tiger *(Panthera tigris)*, cheetah *(Acinonyx jubatus)* and domestic cat *(Felis silvestris f. catus)*, J. Anat., 201, 195–209

बाघ पैन्थेरा जाति का सबसे बड़ा जीव होने के साथ ही साथ धरती पर अपने प्रभुत्व क्षेत्र में सबसे बड़ा शिकारी है, शस्त्रधारी मनुष्यों को छोड़कर। बाघों की उत्पत्ति क़रीब 20 लाख वर्ष पहले पूर्वी एशिया में हुई। यहाँ से बाघों का विस्तार दो दिशाओं में हुआ। उत्तर-मध्य एशिया से बाघ पश्चिमी और फिर दक्षिण-पश्चिमी एशियाई भागों में फैले। दूसरा विस्तार मध्य एशियाई पर्वत से पूर्व चीन के भाग से दक्षिण-पूर्व एशिया और इण्डोनेशिया होते हुए भारत में हुआ। भारत में बाघ पूर्वी हिस्से से आये। अलग-अलग क्षेत्रों में बाघों की अलग-अलग उप-प्रजातियाँ स्थापित हुईं।[13] जीव वर्गीकरण के जनक माने जाने वाले स्वीडन के वैज्ञानिक कारोलस लिनियस ने 1758 ई. में बाघों को वैज्ञानिक नाम दिया-पैन्थेरा टाइग्रिस। अलग दिखने वाली एवं विभिन्न भौगोलिक परिस्थितियों में फल-फूल रही इस प्रजाति को 20 उप-प्रजातियों में विभाजित किया गया। बाद में उप-प्रजातियों के रूप में पहचान देने में आनुवांशिकीय अध्ययनों को भी आधार बनाया गया। जिसके आधार पर अब वैज्ञानिकों ने माना है कि बाघों की नौ उप-प्रजातियाँ इसके विस्तार क्षेत्र में फली-फूलीं।

आज ये क्षेत्र शारीरिक बनावट और आनुवांशिक गुणों की भिन्नता वाले छः उप-प्रजातियों से आबाद हैं, लेकिन प्रबल सम्भावना है कि इसमें से एक उप-प्रजाति-साउथ चाइना टाइगर-भी विलुप्त हो गयी है। आईयूसीएन के अनुसार इसे पिछले 2-3 दशकों से प्राकृतिक अधिवास में पाये जाने की पुष्टि नहीं हो पायी है। उप-प्रजातियों का भौगोलिक विस्तार ऐसा होता है कि उनके बीच प्रजनन सम्भव नहीं होता है। बाघ अपने क्रमिक विकास में तीन उप-प्रजातियों को खो चुका है। विलुप्त हो चुकी इन प्रजातियों के आनुवांशिकी के बारे में ज़्यादा जानकारी नहीं है, लेकिन शारीरिक तौर पर इतने तो इतर थे कि वैज्ञानिकों ने इन्हें तीन अलग-अलग उप-प्रजातियों का दर्ज़ा दे रखा है। भारत में पायी जाने वाली

---

13. Hemmer, H. 1987. The Phylogeny of the tiger *(Panthera tigris)* in The Biology, Biopolitics, Management, and Conservationof an Endangered Species *(Tilson, R. L. and Seal, U.S. Eds.)*, Noyes Publications, USA.

बाघ की उप-प्रजाति को रॉयल बंगाल टाइगर (पैन्थेरा टाइग्रिस टाइग्रिस) कहते हैं। रॉयल बंगाल टाइगर भारतीय उप-महाद्वीप में भारत के अलावा नेपाल, भूटान और बांग्लादेश में पाया जाता है।

बाघ की उप-प्रजातियाँ[14]

मौजूदा उप-प्रजातियाँ

1. अमूर या साइबेरियन बाघ (पैन्थेरा टाइग्रिस अल्टाइका) सुदूर पूर्व रूस और उत्तर-पूर्वी चीन में पाये जाते हैं।
2. उत्तरी इण्डो-चाइनीज़ बाघ (पैन्थेरा टाइग्रिस कॉर्बेटी) मलेशिया प्रायद्वीप के उत्तर हिन्द-चीन क्षेत्र में मिलते हैं, जैसे लाओस, वियतनाम, कम्बोडिया, थाईलैंड, म्यांमार।
3. मलयन बाघ (पैन्थेरा टाइग्रिस जैक्सोनी) मलेशिया प्रायद्वीप में निवास करते हैं।
4. सुमात्रन बाघ (पैन्थेरा टाइग्रिस सुमात्री) बाघ केवल सुमात्रा के जंगलों के बाशिन्दे हैं।
5. बंगाल बाघ (पैन्थेरा टाइग्रिस टाइग्रिस) भारतीय उपमहाद्वीप के देशों में पाये जाते हैं।
6. दक्षिण चीनी बाघ (पैन्थेरा टाइग्रिस अमोयेंसिस) चीन के कुछ प्रान्तों में पाये जाते थे, लेकिन सम्भवतः यह उप-प्रजाति विलुप्त हो गयी है।

विलुप्त उप-प्रजातियाँ

7. बाली बाघ (पैन्थेरा टाइग्रिस बालीका) इण्डोनेशिया के बाली द्वीप का वासी था। 1940 ई. के दशक में यह विलुप्त हो गया।
8. जावा बाघ (पैन्थेरा टाइग्रिस सोंडायका) इण्डोनेशिया के जावा द्वीप में पाया जाता था और 1970 ई. के दशक में यह इस धरती को अलविदा कह गया।

---

14. Goodrich, J. et al. 2015. *Panthera tigris.* The IUCN Red List of Threatened Species 2015: e.T15955A50659951.

9. कैस्पियन बाघ (पैन्थेरा टाइग्रिस वर्गाटा) मुख्यतः मध्य एशिया में पाये जाते थे; ख़ासकर उत्तरी अफ़ग़ानिस्तान, उत्तरी ईरान, रूस के मध्य एशियाई भाग, पश्चिमी मंगोलिया एवं पूर्वी तुर्की। इसकी विलुप्ति 1970 ई. के दशक में हुई।

वासस्थल का विस्तार

एशियाई जंगली विडालों में तेन्दुए के बाद बाघ भौगोलिक रूप से सबसे ज़्यादा फैला हुआ है और व्यापक आवासीय विविधता के अनुरूप उसने अपने आपको ढाल लिया है। बाघ की सबसे ज़्यादा आबादी घने वनों के अतिरिक्त उस भू–भाग में पायी जाती है; जहाँ बड़ी संख्या में भोजन के लिए हिरण एवं जंगली पशु कुल के शिकार परिपूर्ण मात्रा में पाये जाते हैं। जैसे-ऊँचे घास के मैदान, मिश्रित घास के मैदानी जंगल और पतझड़ एवं अर्ध–पतझड़ वन। पूर्वी एशिया के शीतोष्ण और उष्ण वनों में विकसित विडाल वंशियों में सबसे विशालकाय यह बाघ गर्मी को अब भी अपेक्षाकृत कम ही सहन कर पाता है। यह एक कुशल तैराक है, फिर भी न तो क्लाउडेड लेपर्ड या बादली तेन्दुआ (नियोफैलिस नेबुलोसा) की तरह ताइवान और बोर्नियो द्वीप में और न ही तेन्दुए (पैन्थेरा पार्डस) की तरह श्रीलंका (भूतपूर्व सीलोन) द्वीप में बस सका। इससे संकेत मिलता है कि बाघ इस द्वीपों के मुख्यभूमि से अलग होने के बाद यहाँ पहुँचे हालाँकि; बाघ इण्डोनेशियाई द्वीप समूह के सुमात्रा, जावा और बाली में पहुँच गया, लेकिन अन्य कई जन्तु प्रजातियों की तरह यह बाली के पूर्व में गहरे जल मार्ग वैलेस रेखा को पार नहीं कर पाया।

शारीरिक विविधता

धारीदार खाल बाघों की पहचान है। प्रकृति ने नारंगी कैनवास पर काली धारियाँ सजाकर बाघ को करिश्माई आभा दी है। खाल की सुन्दरता के कारण भी बाघ शिकारियों का निशाना बनते रहे हैं। इनके पेट का हिस्सा सफ़ेद होता है। बाघों की सभी उप–प्रजातियों की शारीरिक बनावट, खोपड़ी का आकार और खाल के रंग में विविधता पायी जाती है।[15] बाघों के विस्तार क्षेत्र में उत्तर से दक्षिण की ओर बाघों के आकार छोटे होते जाते हैं। साइबेरियाई क्षेत्र में पाया जाने वाला अमूर या साइबेरियन बाघ सबसे विशालकाय होता है जबकि दक्षिण की ओर सुमात्रा के बाघ सबसे छोटे होते हैं।

जावा के बाघ भी आकार में छोटे होते थे-पूँछ समेत इनकी लम्बाई केवल 2.5 मीटर होती थी, जो अमूर बाघ (3.3 मीटर) और बंगाल बाघ (2.7 से 3.1 मीटर) के मुकाबले कम है। कई वैज्ञानिक मानते हैं कि अमूर बाघ की औसत लम्बाई बंगाल बाघ से ज़्यादा नहीं है।[16]

बंगाल बाघ के आकार एवं रंग में भिन्नता पाई जाती है। बाघों के रंग में हल्का-फुल्का बदलाव उनके क्रमिक विकास के दौरान अधिवास के अनुकूलन के हिसाब से हुआ और प्रकृति ने इसे अपने अधिवास से मेल खाती धारियाँ देकर इन्हें छुपकर शिकार करने के अनुकूल बना दिया। लम्बी घासों और झाड़ियों से बाघ की धारियाँ ऐसे मिल जाती हैं कि उसके शिकार की आँखें धोखा खा जाती हैं। कहा जाता है कि- 'अगर आपने जंगल में बाघ को एक बार देखा है तो बाघ ने आपको शायद निन्यानबे बार देखा होगा।'

अन्य जीवों की तरह बाघ के रंग भी आनुवांशिक लक्षणों को ढोते हैं जिसे गुण-सूत्र निर्धारित करते हैं।[17] नतीज़तन, बाघ के शरीर के तीन रंगों –नारंगी, काला एवं सफ़ेद के कम या अधिक होने पर बाघों के रंग में दर्जनों प्रकार की भिन्नता आ जाती हैं–काली धारियों के रंग में भिन्नता से लेकर पृष्ठभूमि के नारंगी रंग में भिन्नता तक; नतीजतन सफ़ेद एवं काले बाघ से लेकर सुनहरे बाघों के बारे में भी सुनने को मिलता है।

भारत में सफ़ेद बाघ भी काफ़ी प्रसिद्ध हैं। ये चिड़ियाघर में दर्शकों को बहुत लुभाते हैं। सफ़ेद बाघों को पैदा करने की होड़ में चिड़ियाघरों में अन्तः प्रजनन कराया जाता है। जिसमें बाघों के सगे-सम्बन्धियों के बीच प्रजनन कराया जाता है जिससे ये आनुवांशिक रूप से कमज़ोर तथा कई विकृतियों के शिकार हो जाते हैं। सफ़ेद बाघ पूरी तरह से सफ़ेद नहीं होते हैं, इनकी खाल का नारंगी रंग सफ़ेद रंग ले लेता है तथा काली धारियाँ

---

15. Tilson, R. and Nyhus, P. J. (Eds), 2010 Tigers of the World: The Science, Politics and Conservation of *Panthera tigris,* 2nd Edition, Academic Press.
16. As above
17. XuXiao et al. 2017. The genetics of tiger pelage color variations. Cell Research, volume 27, 954–957.

हल्की भूरी। लोग इसे बाघ की अलग प्रजाति भी मान बैठते हैं। वस्तुतः सफ़ेद बाघ भी साधारण बाघ ही हैं।

जंगल में अब सफ़ेद बाघ नहीं हैं। अपने साम्राज्य में आख़िरी सफ़ेद बाघ 1958 ई. में मारा गया। इससे पहले ही सफ़ेद बाघों का अस्तित्व समाप्त हो जाता, लेकिन रीवा के राजा मार्तण्ड सिंह जूदेव के नेतृत्व में 27 मई 1951 ई. में शिकार पर निकले उनके दल ने एक सफ़ेद बाघ के बच्चे को बन्दी बनाया।[18] माँ समेत उसके तीन अन्य नौ महीने के भाई-बहन के शिकार के बाद यह कार्य किया गया था। सफ़ेद शावक को तो उसके रंग ने ही बचाया था। राजा जूदेव ने सफ़ेद बाघ को जिन्दा पकड़ने की ठान रखी थी। आज के मध्य प्रदेश के सीधी ज़िले के बगरी जंगल में कोरमार नदी के पास से बचाए गये सफ़ेद बाघ को गोविन्दगढ़ की वीरान पड़ी हवेली का महाराज बनाया गया-नाम दिया गया मोहन। राजा मार्तण्ड सिंह जूदेव में सफ़ेद बाघ की पीढ़ी को आगे बढ़ाने का जुनून था। मोहन की जोड़ी के लिए 26 नवम्बर, 1951 ई. को एक जंगली बाघिन लायी गयी-नाम रखा गया बेगम। बेगम नारंगी रंग वाली सामान्य रंग की बाघिन थी। मोहन और बेगम से तीन बार में कुल 10 बच्चे हुए, लेकिन कोई भी सफ़ेद नहीं। उसके बाद बेगम के दूसरे प्रसव से जन्मी राधा और मोहन के समागम से 30 अक्टूबर 1958 ई. को चार बच्चे हुए-एक नर और तीन मादा-चारों सफ़ेद। राजा मार्तण्ड सिंह का सपना पूरा हुआ। मोहन की सफ़ेद सन्तानें देश-विदेश के चिड़ियाघरों में गयीं और सफ़ेद बाघों के वंश को आगे बढ़ाया। आज पूरी दुनिया के चिड़ियाघर के सफ़ेद बाघ मोहन के ही वंशज हैं।

1556 ई. से 1605 ई. में मुग़ल काल के दौरान भारत के जंगल में सफ़ेद बाघों के मिलने के प्रमाण हैं। बाद के वर्षों में, 20 वीं सदी के आरम्भ में भी देश में उत्तर-पूर्व, मध्य एवं पूर्वी भारत में भी सफ़ेद बाघों के शिकार के कई प्रमाण मिलते हैं। चीन एवं कोरिया में भी सफ़ेद बाघों की उपस्थिति दर्ज़ की गयी थी। प्रकृति में काले बाघ की उपस्थिति भी दर्ज़ की गयी है। वस्तुतः ये बाघ पूरी तरह से काले नहीं होते बल्कि इनमें

---

18. शारदेय, जुगनू, 2004 मोहन प्यारे का सफेद दस्तावेज, रेनबो पब्लिशर्स, दिल्ली

काली धारियाँ अधिक सघन होती हैं, जिस कारण ये सामान्य बाघ से ज़्यादा काले दिखायी देते हैं। वैसे तो काले बाघों की उपस्थिति किताबों में तो दर्ज़ थी, लेकिन इन्हें कई कारणों से विश्वसनीय नहीं माना गया। 1992 ई. में दिल्ली में तस्करों से बाघ की एक खाल ज़ब्त की गयी जिसमें सिर एवं पार्श्व भाग पर काले रंग की अधिकता थी। बाद में ओडिशा के सिमलीपाल टाइगर रिजर्व में ऐसे काले बाघों के मिलने के कई प्रमाण मिले।[19] हालिया शोध सिमलीपाल में काले बाघों को आनुवंशिकी में त्वरित क्रमागत बदलाव का परिणाम मानते हैं । ऐसे बदलाव विरले ही होते हैं। काले बाघ सिमलीपाल के अतिरिक्त और कहीं नहीं मिलते हैं। वैज्ञानिक इसके पीछे बाघों के बीच अन्तः प्रजनन को ज़िम्मेदार मानते हैं। शोध इस बात की पुष्टि करते हैं कि ऐसा सिमलीपाल में बाघों की आबादी कम होने तथा बाघों की अन्य आबादी से कटे होने के कारण है।[20]

अनुकूलन ही उत्तरजीविता का आधार

वैसे तो हर जीव अपने रहवास के हिसाब से अपने को ढाल लेता है, लेकिन बाघ की प्रजाति इस मामले कईयों से आगे है। साइबेरियाई क्षेत्र के बर्फीले थपेड़ों में –30 डिग्री सेंटीग्रेड या उससे से भी कम तापमान से लेकर राजस्थान के गर्म माहौल को सहन करने वाला बाघ सुन्दरबन के जलीय माहौल में रहकर मछली एवं केंकड़ा खाना भी सीख गया है। प्रकृति ने इसके उँगुलियों के बीच झिल्ली भी बना दी है जिससे इसे तैरने में भी सुविधा होती है। जैसी की चर्चा हो चुकी है कि धरती पर उत्तर से दक्षिण की ओर बढ़ने पर बाघों की उप–प्रजातियों के आकार छोटे होते जाते हैं, खाल के रंग भी हल्के से गहरे होते जाते हैं। उत्तर में तापमान कम होता है और बाघ बड़े होते हैं। उत्तर के ठण्डे क्षेत्रों में बाघ के शरीर के सतही क्षेत्रफल और उसके आयतन का अनुपात कम होता है जिस कारण

---

19. Singh, L.A.K. 1999. Born Black: The Melanistic Tiger in India, WWF-India, New Delhi.

20. Sagar et al. 2021. High frequency of an otherwise rare phenotype in asmall and isolated tiger population. Proceedings of National Academy of Sciences of the United States of America, https://doi.org/10.1073/pnas.2025273118

इनके शरीर से ऊष्मा का ह्रास कम होता है। यह बाघों के शरीर में गर्मी बनाये रखने के लिए ज़रूरी है। दक्षिण की ओर बढ़ने पर इसके विपरीत होता है। कुछ वैज्ञानिक मानते हैं कि बाघों की इस शारीरिक भिन्नता के पीछे उस क्षेत्र में पाये जाने वाले शाकाहारी जानवरों के आकार हैं। जहाँ बड़ा शिकार उसे पकड़ने के लिए बड़े शरीर की ज़रूरत।[21] बाघ ज़्यादातर अँधेरे में शिकार करते हैं। प्रकृति ने इसकी आँखों को भी ऐसा बनाया है कि अँधेरे में भी थोड़ी-सी हलचल को भी बाघ आसानी से भांप लेते हैं। इनकी आँखों की रेटिना मुख्यतः 'रॉड' कोशिकाओं से बने होते हैं जो इसे अँधेरे में भी देखने में माहिर बनाते हैं। रंगीन चीज़ों एवं प्रकाश में देखने में समर्थ बनाने वाली 'कोन' कोशिकाएँ रेटिना में कम होती हैं जिस कारण रंगों को लेकर इनकी दृष्टि ज़्यादा शक्तिशाली नहीं होती है। इसके साथ ही बाघों एवं अन्य बिल्लियों की आँखों को प्रकृति ने रेटिना के पीछे 'टैपेटम ल्यूसिडम' जैसी एक झिल्लीनुमा संरचना दी है जो रेटिना से पार हो चुके प्रकाश को पुनः आँखों में परावर्तित कर देता है। मतलब आँखों में ज़्यादा रोशनी और अँधेरे में भी देखने की प्रबल क्षमता। इस कारण बाघ अँधेरे में मनुष्य से क़रीब छह से सात गुना ज़्यादा बेहतर देख सकता है।[22]

माँ और शावक को छोड़ दें तो बाघ हमेशा अकेला रहता है। शिकार करने में आसानी हो इसलिए अकेले रहना ज़्यादा उचित भी है। बाघ घात लगाकर शिकार करते हैं न की उसे पीछा कर या दौड़ाकर, हाँ! 100-150 मीटर की दौड़ तो लगानी ही पड़ती है।[23] अगर, ये बब्बर शेरों के जैसे समूह में रहें तो शायद घात लगाकर शिकार ना कर पाते। बाघों को अपने भोजन के लिए अच्छी ख़ासी मशक़्क़त करनी पड़ती है। शिकार के प्रयास में केवल 10-15% मामलों में ही सफलता मिलती है। अतः घात लगाने

---

21. Huston, M. A. and Wolverton, S. 2011. Regulation of animal size by eNPP, Bergmann's rule, and related phenomena, Ecological Monographs, 81(3), 2011, pp. 349–405.

22. Long, J. et al. 2010. Catalyst: Seeing Through the Eyes of a Cat, Conference Paper, DOI: 10.1145/1822348.1822364

23. Tilson, R. and Nyhus, P. J. (Eds), 2010 Tigers of the World: The Science, Politics and Conservation of *Panthera tigris*, 2nd Edition, Academic Press.

के लिए उसे ऐसी जगह पर छुपना पड़ता है जहाँ से वह तो शिकार को देख सके, लेकिन शिकार उसे नहीं। बाघ की पट्टीदार शरीर घासों और झाड़ियों से ऐसे मेल खाते हैं कि शिकार को शायद ही वह दिखायी दे। अपनी असफलता से परिचित बाघ की कोशिश होती है कि वह अपने वार से बड़े जानवर को ढेर करे ताकि सप्ताह भर के भोजन का इन्तजाम कर सके। 50-60 किलोग्राम के शिकार से उसका हफ्तेभर का काम हो जाता है।[24] कानों के पीछे बड़े सफ़ेद धब्बे को पीछे से हमलावर जीव जब देखता है तो उसे आँखों के जैसा प्रतीत होता है, मानो बाघ उसे देख रहा हो, लेकिन, बाघ जब आक्रामक होता है तो कानों के इस सफ़ेद धब्बे को आगे की ओर दिखाता है। अपने गुस्से और आक्रामकता का इज़हार वह इन्हीं बड़ी छद्म आँखों से करता है।

बाघ के गद्देदार और मुलायम पंजे बिना किसी शोरगुल के चलने में सहायता करते हैं। क्या मजाल, जो गिरी हुई सूखी पत्तियों पर भी बाघ चले तो कोई आवाज़ हो। बाघ अपने 3-4 इंच लम्बे नाखूनों को पंजों में छुपाकर रखते हैं, और जब तक ज़रूरत न हो बाहर नहीं निकालते हैं। दलदली या पंकीली सतह पर चलने एवं शिकार के दौरान ये अपना नाखून निकालते हैं। शिकार पर विस्फोटक प्रहार के समय इन नाखूनों और 2.5 से 3 इंच लम्बे केनाईन दाँतों की सहायता से बाघ अपने से पाँच गुने भारी जानवर को भी धराशायी कर देने की क्षमता रखते हैं। अँधेरे में भी शिकार करने में पारंगत होते हैं[25] क्योंकि शिकार में ये अपनी आँखों से ज़्यादा कानों का इस्तेमाल करते हैं। आवाज़ सुनकर शिकार का अन्दाज़ा लगाने में बाघ माहिर होते हैं। मेहनत के बाद मिले भोजन को सुरक्षित रखना इनके लिए बहुत ज़रूरी है। भोजन को शिकार किये गये स्थान से दूर खींचकर ले जाते हैं और अन्य माँसाहारियों या बनैले सूअरों जैसे मौकापरस्त मांसभक्षक वन्यप्राणियों से बचाने के लिए उसे पत्तियों, झाड़ियों आदि से ढँक देते हैं।

---

24. Seidensticker J. 1976. On the ecological separation between tigers and leopards. Biotropica. 8:225–234.

25. Tilson, R. and Nyhus, P. J. (Eds) 2010. Tigers of the World: The Science, Politics and Conservation of *Panthera tigris,* 2nd Edition, Academic Press.

मौका मिलने पर इन सूअरों को माँस खाने एवं हड्डियों को चबाने से परहेज़ नहीं रहता है। बाघ को भी अपने मेहनत के फल को बचाने के लिए पहरेदारी करनी पड़ती है। प्रकृति में बाघ दूसरे के मारे शिकार पर अपना पेट नहीं पालता है।

बाघ की ज़रूरतें

नर और मादा बाघ न सिर्फ आकार में अलग होते हैं बल्कि उनके जीवन जीने की ज़रूरतें भी अलग होती हैं। बंगाल टाइगर के नर 200 से 250 किलोग्राम तो मादा 100 से 160 किलोग्राम तक की होती है।[26] नर का आकार मादा से बड़ा होता है। इनकी लम्बाई एवं ऊँचाई में भिन्नता होती है जो उनके रहवास से भी प्रभावित होता है। नर और मादा दोनों बाघों का एक साम्राज्य होता है, एक इलाक़ा होता है। बाघ अपने इलाक़े में रहते हैं, शिकार करते हैं और प्रजनन करते हैं, और इसमें गस्त लगाते हैं ताकि कोई अन्य बाघ अपना आधिपत्य न जमा लें। अपने इलाक़े की पहचान स्थापित करने के लिए कई विधियों का सहारा लेते हैं– पेड़ों पर मूत्र त्याग कर, सड़कों एवं अपने रास्तों पर मलत्याग कर, पेड़ों एवं ज़मीन पर खरोंच मार कर। इन सभी तरीक़ों से वे अन्य बाघों को अपनी उपस्थिति के बारे में आगाह करते हैं।

अपने साम्राज्य की रक्षा के लिए नर बाघों को ज़्यादा मेहनत करनी पड़ती है। अपनी सत्ता सुरक्षित रखने के लिए दूसरे नर से लड़ाई भी करनी होती है। कभी-कभी यह लड़ाई बाप और बेटे के बीच भी होती है। बाप अपने भविष्य के ख़तरे को भांपते हुए अपने बच्चों को भी मारने की ताक में रहता है-ख़ासकर नर बच्चे को। माँ का सबसे ज़रूरी काम हो जाता है बच्चों को उसके बाप से बचाना, लेकिन, इसके अपवाद भी सुनने के लिए मिले हैं। राजस्थान के रणथम्भौर टाइगर रिजर्व का T-25 बाघ जिसे उसके क्रोधी व्यवहार के कारण लोगों ने पुकारू नाम दिया था 'जालिम'। इसके गुस्से से वाकिफ पर्यटक सिहर उठते थे जब वह सफारी गाड़ियों के ऊपर आँखे तरेरता था। इसके दाहिने पार्श्व पर काली धारियों में छुपा था 'डॉलर'

---

26. Sunquist M E, and Sunquist F. 2002. Wild Cats of the World. Chicago, Illinois: University of Chicago Press.

का निशान, इसलिए पर्यटकों के बीच डॉलर के नाम से भी प्रसिद्ध था। जालिम ने अपने नाम को तो ग़लत साबित किया ही साथ-ही-साथ इस मान्यता को भी ध्वस्त किया कि नर बाघ अपने बच्चों के दुश्मन होते हैं। रणथम्भौर की T-5 बाघिन के दो अनाथ बच्चों की ज़ालिम ने परवरिश की। T-5 बीमारी के कारण काल के गाल में समा गयी थी। बच्चे इतने छोटे की खुद शिकार न कर सकें। जालिम नें इन्हें अपने साथ रखना शुरू किया। ठीक वैसे ही जैसे इनकी माँ देखभाल करती हैं। बच्चों को जीने के गुर सिखाने के साथ-ही-साथ उनके लिए भोजन की व्यवस्था भी। दोनों शावकें मादा थीं-लोगों ने वीणा-1 और वीणा-2 के नाम से पुकारना शुरू कर दिया था। शायद, ज़ालिम को पता था इस धरती को बाघों से आबाद रखने के लिए इन मादाओं को बचाकर रखना ज़रूरी है। बच्चे अगर नर होते तो ज़ालिम शायद ऐसा नहीं करता, क्योंकि ये बड़े होकर मादाओं पर समागम अधिकार को लेकर उसके प्रतिद्वन्द्वी बनते।

एक नर बाघ के क्षेत्र में कई मादाएँ होती हैं। शिकार की उपलब्धता के हिसाब से बाघों के क्षेत्र छोटे-बड़े होते हैं। बाघों की संख्या शिकार उपलब्धता पर भी निर्भर करती है। प्रति सप्ताह औसतन एक बड़े आकार के चीतल या बनैले सूअर के हिसाब से साल में एक बाघ को 40-50 शिकार करना पड़ता है। बच्चों वाली बाघिन को ऐसे 60-70 शिकार सालाना करने पड़ते हैं।

शिकार के अलावा विस्तृत अधिवास इनकी दूसरी ज़रूरत होती है। दो अधिवासों को जोड़ते हुए गलियारों की भी ताकि बाघ एक जगह से दूसरी जगह आसानी से जाकर रह सकें। अधिवासों के बीच जुड़ाव न रहने की स्थिति में छोटे अधिवासों में उनके बीच अन्तःप्रजनन के कारण आनुवांशिक दुर्बलता आती है और बाघों का अस्तित्व ख़तरे में पड़ जाता है। आनुवांशिक विविधता बनाये रखने के लिए ज़रूरी है कि जंगलों के बीच जुड़ाव क़ायम रहे।

मादा 3-4 साल की उम्र में बच्चे देने के लायक हो जाती है तथा एक बार में दो से चार बच्चे तक जन्म देती हैं; कभी-कभी पाँच भी। युवा बाघ 2-3 साल की अवस्था में अपने साम्राज्य की स्थापना में जुट जाते हैं।

मादा बच्चे अधिकतर अपने माँ के क्षेत्र के आस-पास ही बसते हैं, लेकिन युवा नर बाघ ऐसे क्षेत्र की खोज में लगता है जहाँ कोई प्रतिद्वन्द्वी नहीं हो। इस दौरान एक अनुभवहीन युवा बाघ को कई लड़ाइयाँ लड़नी पड़ती हैं। गाँवों, गाड़ियों और शिकारियों की नज़रों से बचते हुए एक जंगल से दूसरे जंगल भी जाना पड़ता है। बाघ के लिए यह सबसे चुनौतीपूर्ण समय होता है। इस दौरान ये बाघ भूख मिटाने के लिए कभी मवेशियों को भी आहार बनाते हैं और यहीं से वह मनुष्यों की नज़रों पर चढ़ जाते हैं। यहीं से मानव-बाघ द्वन्द्व की शुरुआत होती है और इसे मानवीय कोप का शिकार बनना पड़ता है। अपनी जान गँवाकर, मनुष्य द्वारा जहर डाले हुए मांस को खाकर या विद्युत स्पर्शाघात का शिकार बनकर। कभी-कभार इसे फन्दे में फँसाकर भी मार दिया जाता है। कई बार युवा बाघ अपने जंगल में ही रहने की ठानता है। इसके लिए भी उसे किसी अन्य नर बाघ से वर्चस्व के लिए लड़ाई करनी पड़ती है। अगर विरोधी मज़बूत रहा तब कभी-कभी जान भी गँवानी पड़ती है। अगर विरोधी कमज़ोर रहा तो या तो उसकी मौत इस लड़ाई में होगी या युवा बाघ उसे उसके साम्राज्य से बेदख़ल कर जंगल के किनारे, कम शिकार वाले जगह पर जाने के लिए विवश कर देगा। अपने साम्राज्य से निकाले गये बाघ को अपनी ज़िन्दगी के आख़िरी दिनों में यह सब झेलना बहुत ही सामान्य बात है। कमज़ोर बाघ मनुष्य के पालतू पशुओं को अपने निशाने पर लेता है, क्योंकि उनका शिकार करने में कम उर्जा जाया होती है। कभी-कभार वह शिकारियों के निशाने पर भी चढ़ जाता है, तो कभी मनुष्य पर हमलावर होकर नरभक्षी के रूप में बदनाम हो जाता है।

धारियाँ एवं टट्टियाँ बतातीं हैं, कितने बाघ

बाघों की पहचान हैं धारियाँ और प्रत्येक बाघ की धारियाँ दूसरे से अलग होती है-चाहे उसके चेहरे की धारियाँ हों या शरीर की या पूँछ की। इनका इस्तेमाल बाघों को पहचानने में वैसे ही किया जाता है जैसे मनुष्यों को उनके अँगूठे के निशान से। हालाँकि, बाघ को देखकर उसके धारियों के पैटर्न को पहचान के लिए याद रखना मनुष्य के वश की बात नहीं है। अतः शिकारियों के द्वारा बाघों की पहचान के लिए उनके पंजों के निशानों का उपयोग किया जाता था। नर-मादा से लेकर उसके आकार, वजन सभी प्रकार की जानकारियाँ शिकारी इसी से पता करते थे।

इस गुर को वैज्ञानिकों एवं शोधकर्त्ताओं ने भी बाघों को पहचानने और गिनने में इस्तेमाल किया, यहाँ तक की बाघों की सरकारी गणना में भी इसका इस्तेमाल किया गया। लेकिन इससे सही-सही अनुमान लगाने के लिए बहुत ही अभ्यास की ज़रूरत होती है और कई ग़लतियाँ होने की प्रबल सम्भावना होती है। कैमरे के इस्तेमाल के साथ धारियों को आधार बनाकर बाघों को पहचान देना आसान हो गया। अब स्वचालित कैमरों (कैमरा-ट्रैप) से बाघों के मुख्यत: पार्श्व भाग के फ़ोटो लेकर उसकी मिलान कर पता लगाया जाता है कि कुल कितने बाघ कैमरे में कैद हुए। अन्य गणनाओं से साथ कैमरा ट्रैप के फ़ोटो के आधार पर ही टाइगर रिजर्व से लेकर एक राज्य एवं क्षेत्र तथा पूरे देश के लिए बाघों की संख्या का आकलन लगाया जाता है।

अब तो बाघों के मल नमूनों से भी इनकी संख्या का आकलन किया जा रहा है। बाघों के मल से वैज्ञानिक डीएनए निकालकर उसका विश्लेषण कर बाघों की संख्या बताते हैं। यह बाघों की धारियों से गणना की विधि से ज़्यादा जटिल और महँगा है, लेकिन कई परिस्थितियों में यह बहुत महत्त्वपूर्ण हो जाता है। ख़ासकर जब किसी स्थान पर बाघों की संख्या बहुत ही कम हो और वहाँ कैमरे लगाना दुरूह कार्य हो।

बन्दी भी हैं बाघ

बाघ जंगल एवं नदियों के अस्तित्व एवं पारिस्थितिकी के सन्तुलन के लिए ज़रूरी हैं। जंगल में बाघ स्वच्छन्द जीवन व्यतीत करते हैं और प्रकृति को सँवारने में अपनी भूमिका निभाते हैं। इनसे अलग एक दुनिया सलाख़ों के पीछे, पिल्लों के जैसे गले में ज़ंजीर और अपने मालिक के इशारों पर दुम हिलाते बाघों की भी है। ये हैं दुनिया में जहाँ-तहाँ बन्दी और पालतू अवस्था में रखे गये बाघ जो दयनीय जीवन जी रहे हैं। आज इनकी संख्या जंगल में पाये जाने वाले बाघों से तीन गुने से भी ज़्यादा है। प्राकृतिक रूप से एशिया में मिलने वाले बाघ आज अमेरिका और यूरोपीय समूह के देशों में वैध-अवैध कारोबार की करेंसी हैं। अनुमान के मुताबिक अमेरिका में ऐसे बन्दी बाघों की संख्या 5 से 10 हजार है जबकि यूरोपीय समूह के

देशों में आधिकारिक तौर पर 1000 के क़रीब बन्दी बाघों की पुष्टि हुई है।[27, 28] पर्यटकों के मनोरंजन के नाम पर क्रूरता के शिकार इन बाघों के नज़दीकी रिश्तेदारों के बीच प्रजनन कराया जाता है। आनुवांशिक रूप से कमज़ोर इनकी सन्तानें शारीरिक विकृतियों की वाहक बन जाती हैं। जंगल में दहाड़ मारने वाले बाघ मानवीय यातनाओं के कारण भीगी बिल्ली बने रहते हैं। चीन में भी कई टाइगर फार्म हैं जहाँ बाघों को पालतू जानवरों के जैसे प्रजनन कराया जाता है। अनुमान के मुताबिक़ चीन, लाओस, वियतनाम और थाईलैंड में क़रीब 8000 बन्दी बाघ इनके अंगों के कारोबार का पोषण कर रहे हैं।[29] इन बन्दी बाघों की कोई उप–प्रजाति नहीं है। मनुष्यों के लालच ने इन्हें दोगलेपन की उस दहलीज़ पर ला खड़ा कर दिया है कि ये अपनी उप–प्रजातियों की पहचान खो चुके हैं। इनके अलावे दुनिया भर की मान्यता प्राप्त चिड़ियाघरों में क़रीब 1700 बाघ हैं। केन्द्रीय चिड़ियाघर प्राधिकरण की रिपोर्ट के अनुसार भारत के चिड़ियाघरों में सफ़ेद बाघों को मिलाकर क़रीब 350 बाघ हैं।[30] दर्शकों के मनोरंजन और कुछ हद तक ज्ञानवर्धन के अलावा और इनके अस्तित्व का कोई और मतलब नहीं है। प्रकृति को संजोए रखने में तो बिलकुल ही नहीं।

---

27. Guynup, S. 2019. Captive tigers in the U.S. outnumber those in the wild. It's a problem. National Geographic. https://www.nationalgeographic.com/animals/2019/11/tigers-in-the-united-states-outnumber-those-in-the-wild-feature.html

28. Anon. 2020. Europe's Second-Class Tiger Revealing the out-of-control captive tigernumbers and commercial trade. Four Paws.

29. Bale, R. 2018. Illegal Tiger Trade Fed by 'Tiger Farms,'New Evidence Reveals. The National Geographic.

    https://www.nationalgeographic.com/animals/2018/07/wild-life-watch-news-captive-tiger-farms-trafficking-investigation-vietnam-laos.html

30. CZA. Annual Inventory of Animals in Indian Zoos (2017-18). Central Zoo Authority, New Delhi.http://cza.nic.in/uploads/documents/inventory/Annualinventory1718.pdf

संरक्षण की दिशा में उठे क़दम

समय के साथ जीव-जगत में क्रमिक विकास होता है। प्रकृति के थपेड़ों को सहन न कर सके जीव विलुप्त होते हैं तो कुछ नये माहौल में ढलकर पृथ्वी पर उपस्थिति बनाये रखते हैं। इसी विकास के क्रम में मानव ने कई जीवों की साँसों की डोर को हथिया लिया; बाघ उनमें से एक है। पारम्परिक दवाइयों में उनके अंगों के इस्तेमाल के लिए चीन में इन्हें निशाना बनाया जा रहा था तो भारत में यह राजा-रजवाड़ों और ब्रिटिश अफ़सरों के शिकार के शौक़ की बलि चढ़ रहा था। महाराजा लोग गोरे लाट साहेब को ख़ुश करने के लिए शिकार का आयोजन करवाते। ब्रिटिश राज में जंगल के अन्दर आर्थिक और आधारभूत संरचनाओं के विकास के लिए पैठ बढ़ती जा रही थी। जंगल खेतों में भी बदल रहे थे। इसके साथ ही बढ़ रहा था मानवों से बाघ का आमना-सामना। फिर जाने या अनजाने में बाघों को मनुष्य के लिए पीड़क और ख़तरनाक जानवर होने की पहचान दे दी गयी। बाघों को मारने वालों को पुरस्कार देने, अनुज्ञप्ति पर बाघ मारने जैसी बाघ संहारक कार्रवाई आधिकारिक नीतियों का हिस्सा बन गये। अधिक-से-अधिक बाघों को मारना शिकारियों का स्टेटस सिम्बल बनने लगा। ठीक उसी समय अकादमिक गतिविधियों में बाघ संरक्षण की बात शुरू हो गयी थी। 'जर्नल ऑफ द सोसायटी ऑफ आर्ट्स' में 1901 ई. में छपे 49वें अंक के एक लेख में भारत में बाघ के सुरक्षा और संरक्षण की वकालत की गयी और बाघों के शिकारियों को सरकार द्वारा पुरस्कृत नहीं किये जाने का सुझाव दिया गया था।[31]

---

31. Mandala, V. R. 2015. The Raj and the paradoxes of wildlife conservation: British attitude and expediencies. The Historical Journal, 58, 75-110.

बाघों के शिकार के सन्दर्भ में अगर सरगुजा राज का ज़िक्र नहीं हो तो यह बात अधूरी रह जाती है। इसके आख़िरी राजा रामानुज शरण सिंह देव के नाम हज़ारों बाघों को मारने का ज़िक्र है। वे सबसे ज़्यादा बाघ के शिकार करने वालों की फेहरिस्त में पहले स्थान पर रहे। चूँकि बाघों की गिनती का काम पिछले कुछ दशकों से आरम्भ हुआ उसके पहले की संख्या सिर्फ़ अनुमान पर आधारित है। 20वीं सदी की शुरुआत में विश्व में बाघों की अनुमानित संख्या 1 लाख के क़रीब थी। प्रकृति प्रेमी और चाय बागान के व्यवसाय में लगे ब्रिटिश मूल के एडवर्ड प्रिचार्ड जी (ई. पी. जी) के अनुसार 20वीं सदी की शुरुआत में भारत में क़रीब 40000 बाघ थे। जो 1964 ई. में घटकर केवल 4000 रह गये थे। स्वाधीनता पूर्व भारत में बाघ राइफलधारी अंग्रेज़ अफ़सरों के निशाने चढ़े तो उसके बाद 1950 ई. के दशक में अंग्रेज़ों के नक़्शे-क़दम पर स्थानीय ज़मींदारों ने बाघों को निशाने पर रखा। उनके साथ ही साथ विदेशी शिकारियों के लिए भी भारत के बाघ ऐडवेंचर और स्पोर्ट के साधन बने रहे। बाघों के साथ ही साथ तेन्दुए भी मारे जाने लगे। इन बड़ी बिल्लियों का शिकार भारत में एक व्यवसाय का रूप ले चुका था। 1965 ई. से 1969 ई. के दौरान क़रीब 4300 बाघ एव तेन्दुओं के चमड़ों का निर्यात अमेरिका और यूरोप के देशों में किया गया।[32] जीप, राइफल और स्पॉट लाईट से लैश शौकिया एवं पेशेवर शिकारियों ने बाघों की ऐसी की तैसी कर दी। शिकारी कभी मचान पर बैठकर तो कहीं पैदल और हाथी सवारों से हांका लगवाकर बाघों को राइफल के निशाने पर ले रहे थे।

उम्मीद की धुँधली किरण के रूप में भारतीय वन्यजीव बोर्ड का गठन 1952 ई. में हो गया था। मैसूर में आयोजित इसकी पहली बैठक में 14 वन्यजीवों की सूची जारी की गयी, जिनके सुरक्षा एवं संरक्षण पर ज़ोर दिया गया, लेकिन बाघ की इसमें अनदेखी की गयी। शायद इस कारण कि इसके शिकार पर रोक का मतलब प्रभावी लोगों के शौक़ पर शिकन्जा। लेकिन 1960 ई. के दशक के अन्त तक शिकार के कारण भारत में बाघों के ऊपर संकट का आभास शिकारियों और आम जन को होने लगा था।

---

32. Tilson, R. and Nyhus, P. J. (Eds), 2010 Tigers of the World: The Science, Politics and Conservation of *Panthera tigris,* 2nd Edition, Academic Press.

भारत में बाघों की कम होती संख्या पर चिन्ता इंटरनेशनल यूनियन फॉर कंजर्वेशन ऑफ नेचर एंड नेचुरल रिसोर्सेस (आईयूसीएन) की 1969 ई. की दिल्ली आम सभा में भी व्यक्त की गयी। भारतीय वन अधिकारी एवं बाघ विशेषज्ञ कैलाश सांखला ने इस बैठक में भारत में 2500 बाघों के होने का आँकड़ा पेश किया।[33] इसी आम सभा में भारत ही नहीं पूरे विश्व में बाघों के शिकार पर रोक का प्रस्ताव लाया गया। शिकारियों, शिकार कम्पनियों एवं कई राज्यों के विरोध के बावजूद भारतीय वन्यजीव बोर्ड ने 1 जुलाई, 1970 ई. को बाघों के शिकार पर 5 साल की रोक लगा दी। इसका पूरा श्रेय प्रकृति प्रेमी तत्कालीन प्रधानमन्त्री श्रीमती इन्दिरा गाँधी को जाता है; जिनकी राजनैतिक इच्छाशक्ति के कारण भारत में बाघों को बचाने की दृढ़ शुरुआत हुई। इनके नेतृत्व में 1972 ई. में वन्यजीव (संरक्षण) अधिनियम लागू किया गया और बाघों के शिकार पर पूर्ण पाबन्दी लगा दी गयी। इसी दौरान 1971 ई. में कैलाश सांखला के नेतृत्व में पूरे देश में 1827 बाघों के होने का अनुमान लगाया गया। भारतीय वन्यजीव बोर्ड के अध्यक्ष डॉ. करण सिंह की अध्यक्षता में टाइगर टास्क फोर्स का गठन हुआ और उसकी अनुशंसा पर 1 अप्रैल, 1973 ई. को 'प्रोजेक्ट टाइगर' की शुरुआत के साथ ही बाघ संरक्षण के प्रयासों को एक नयी दिशा मिली। प्रोजेक्ट टाइगर की शुरुआत के साथ ही बाघ को भारत के राष्ट्रीय पशु का दर्ज़ा मिला और बब्बर शेर या सिंह को इस पहचान से वंचित होना पड़ा।

प्रोजेक्ट टाइगर की शुरुआत छह वर्षीय योजना के रूप में शुरू हुई। इसके लिए 6 करोड़ रुपये का प्रावधान किया गया जो उस समय के हिसाब से अच्छी ख़ासी रकम थी। इसका क़रीब 13% भाग अन्तरारष्ट्रीय संस्था डब्ल्यूडब्ल्यूएफ द्वारा वहन किया गया। अन्य प्राथमिकताओं के बावजूद बाघों के संरक्षण पर इस बजट का प्रावधान तत्कालीन सरकार की प्रतिबद्धता को दर्शाता है। प्रोजेक्ट टाइगर के प्रथम निदेशक के रूप में कैलाश सांखला के कन्धे पर देश के 2000 से भी कम बाघों को एक सम्मानित संख्या तक बढ़ाने की जिम्मेवारी आयी।

---

33. Sankhala, K. 1970. The Vanishing Indian Tiger. IUCN Eleventh Technical Meeting 1999: Problems of Threatened Species. Switzerland: IUCN, Morges.

परियोजना से प्राधिकरण तक

प्रोजेक्ट टाइगर का मुख्य उद्देश्य था बाघ को उसके ऊपर मँडरा रहे विलुप्ति के ख़तरे से बचाना। इसे प्राकृतिक अधिवास में संरक्षित करना तथा स्वस्थ संख्या स्थापित करना। इसके लिए बाघ के रहवासों पर मानवीय दबाव को कम करने, बिगड़ चुके रहवासों की हालत सुधारने और इन रहवासों की निगरानी जैसे कार्य मुख्य हथियार बनाए गये। बाघों की पारिस्थितिकी के प्रबन्धन में कोर-बफर क्षेत्र की संकल्पना का समावेश हुआ। कोर क्षेत्र को मन्दिर के गर्भ-गृह के समान दर्ज़ा दिया गया जहाँ मानवीय गतिविधियों पर प्रतिबन्ध लगाकर बाघ के प्रजनन स्थलों को बचाना था जबकि बफर क्षेत्र में संरक्षण सम्मत मानवीय गतिविधियों को भी जगह दी गयी।

प्रकृति के नायाब नमूने सहेजने के लिए प्रोजेक्ट टाइगर के अन्तर्गत देश में 9115 वर्ग कि.मी. में कुल नौ टाइगर रिजर्व शामिल किये गये। ये रिजर्व देश के प्रत्येक बाघ अधिवासित कोने में स्थापित किये गये। हिमालय की तराई में कॉर्बेट तो पश्चिमी घाट और दक्कन पठार के संगम पर बाँदीपुर को इस प्रोजेक्ट में शामिल किया गया। पूर्वोत्तर भारत में हिमालय के तराई-भाबर में मानस तो छोटानागपुर के पठार पर पलामू और पूर्वी भाग में गंगा के डेल्टा क्षेत्र में सुन्दरबन इसके अभिन्न अंग बने। इसके अलावा विदर्भ क्षेत्र में मेलघाट और पश्चिम के शुष्क वनों में बाघों को बचाने के लिए रणथम्भौर को भी इसमें समेटा गया। मध्य प्रदेश का कान्हा भी इन्हीं शुरूआती दौर के टाइगर रिजर्व में से एक है। इन टाइगर रिजर्वों की घोषणा राष्ट्रीय उद्यानों और वन्यजीव आश्रयणियों पर की गयी।

तब प्रोजेक्ट टाइगर केन्द्र सरकार के कृषि मन्त्रालय अन्तर्गत वाइल्डलाइफ विंग का हिस्सा था। 1985 ई. में पर्यावरण एवं वन मन्त्रालय के अस्तित्व में आने के बाद यह इसका अंग बन गया। इसकी प्रमुख ज़िम्मेवारी रही टाइगर रिजर्वों के विकास एवं प्रबन्धन के लिए केन्द्र प्रायोजित योजना मद से निधि उपलब्ध कराना। राज्य सरकारों पर बजटीय हिस्सेदारी सुनिश्चित करने के साथ ही साथ टाइगर रिजर्व के प्रबन्धन का भी जिम्मा था।

समय के साथ टाइगर रिजर्वों की संख्या बढ़ती गयी। 1980 ई. के दशक के अन्त तक 15 टाइगर रिजर्वों के 24700 वर्ग कि.मी. जंगल इसके दायरे में आ गये तथा 2000 ई. के अन्त तक 37761 वर्ग कि.मी. में फैले

27 टाइगर रिजर्वों के कन्धों पर बाघ संरक्षण की जिम्मेवारी सौंप दी गयी। शुरुआती सफलताओं के बाद प्रोजेक्ट टाइगर के रास्ते उबड़-खाबड़ होते गये। बजट कम पड़ने लगा और टाइगर रिजर्वों को समय पर पैसे का आवंटन न हो पाना एक बड़ी समस्या के रूप में उभरा। रिजर्व के कर्मचारियों को समय पर वेतन नहीं मिलना, पैसे की उपलब्धता में अनिश्चितता आदि का सीधा प्रभाव बाघों की सुरक्षा एवं रहवास के देख-रेख पर पड़ा। 2001 ई. की प्रोजेक्ट टाइगर स्टेटस रिपोर्ट ने इन सभी कमियों को उजागर किया, लेकिन स्थिति सुधरने के बजाये बिगड़ती ही गयी। बाघ शिकारियों के हत्थे चढ़ रहे थे। खाल और हड्डियाँ की अवैध सप्लाई चीन को होने लगी। वहाँ की पारम्परिक दवाओं के व्यापार में भारतीय बाघों के अंग शामिल हो रहे थे। 1992 ई. में वन्यजीव संरक्षक और भारत में वन्य प्राणियों के अंगों के अवैध व्यापार को रोकने की लड़ाई लड़ने वालों में अग्रणी एवं ट्रैफिक-इंडिया के तत्कालीन निदेशक अशोक कुमार के नेतृत्व में दिल्ली के मजनू का टीला से बाघ और तेन्दुए की 400 किलोग्राम से अधिक हड्डियों की ज़ब्ती ने साबित कर दिया कि भारतीय बाघों के ऊपर उसके अंगों के लिए अन्तरराष्ट्रीय माँग सबसे बड़े खतरे का रूप ले चुका था।

दिल्ली के सदर बाज़ार में बैठा कुख्यात संसार चन्द बाघों के अंगों के अवैध व्यापार का अन्तरराष्ट्रीय सरगना बन राष्ट्रीय पशु की मौत का सबसे बड़ा सौदागर बन बैठा था। इसमें उसका साथ दिया उसके भाई नारायण ने। उनके इशारे पर बावरिया, पारधी, मोंग्या, कंजर, बहेलिया, बंजारा, नट आदि जनजातियाँ अपने शिकारी ज्ञान का इस्तेमाल बाघों को मारने में करने लगीं। बाघों को निपटाने में लोहे के खड़के एवं अन्य फन्दे राइफल का स्थान लेने लगे। ये जनजातियाँ इन फन्दों को बनाने में माहिर होती हैं।

टाइगर रिजर्व के अन्दर सुरक्षा में ढिलाई का फ़ायदा बाघों के अंगों के अवैध व्यापारियों और शिकारियों ने उठाया। संसाधनों के लिए जूझते टाइगर रिजर्वों और बाघों के शिकार को अनदेखा करते वन महकमे ने बाघ के शिकारियों को फ़ायदा पहुँचाया। सरकारी आँकड़ों में बाघ फल-फूल रहे थे, लेकिन इसके उलट कई टाइगर रिजर्व बाघों के मामले में वीरान पड़ते जा रहे थे। डण्डाधारी वनरक्षियों की गस्त शातिर शिकारियों के सामने बौनी पड़ रही थी। बाघों को उनके पग-मार्क से पहचानकर संख्या बताने वाली

विधि भी दुरुपयोग का शिकार होती गयी। बाघों के उजड़ते आशियाने को हरे रंग से रंगने का प्रयास कई टाइगर रिजर्वों में चला। बाघ और वनवासी समुदाय एक-दूसरे के आमने-सामने थे। पालतू मवेशियों को मारने वाले बाघों को स्थानीय ग्रामीणों ने ज़हरखुरानी का शिकार बनाना सीख लिया था। इससे बाघ से निजात पाने के साथ-ही-साथ स्थानीय शिकारियों को बाघ कारोबारियों से रकम भी मिल रही थी।

इसी बीच 2005-06 ई. में देश में बाघ संरक्षण को बड़ा झटका तब लगा जब राजस्थान के सरिस्का टाइगर रिजर्व को बाघ विहीन घोषित करना पड़ा। यहाँ के क़रीब सभी बाघ शिकारियों के हाथों मारे गये। इसकी सीबीआई जाँच में भी पुष्टि हुई। अभी सरिस्का में बाघों को पुनः बसाने का प्रयास चल ही रहा था कि 2009 ई. में मध्य प्रदेश के पन्ना टाइगर रिजर्व से भी बुरी ख़बर आयी। यहाँ से भी बाघों का सफाया हो गया था। पन्ना और सरिस्का में अन्य टाइगर रिजर्व से लाकर बाघों को पुनर्स्थापित करने के प्रयास किये गये। पन्ना में तो यह प्रयोग काफ़ी सफल रहा, लेकिन सरिस्का में बाघ अपने साम्राज्य को स्थापित करने के लिए अभी भी जूझ रहे हैं।

वैसे तो 2001 ई. के प्रोजेक्ट टाइगर स्टेटस रिपोर्ट आने के बाद 2003 ई. में राष्ट्रीय वन्यजीव बोर्ड (वन्यप्राणी संरक्षण अधिनियम, 1972 ई. को 2002 ई. के संशोधन में भारतीय वन्यजीव बोर्ड को दिया गया नाम) की दूसरी बैठक (17 मार्च 2003 ई.) में टाइगर टास्क फोर्स के गठन का निर्णय लिया गया था, लेकिन शायद यह ठण्डे बस्ते में चला गया। सरिस्का की घटना के बाद इस पर तेज़ी से अमल करते हुए सेंटर फॉर साइंस एंड एनवायरनमेंट की निदेशक सुनीता नारायण की अध्यक्षता में 19 अप्रैल 2005 ई. को पाँच सदस्यीय टाइगर टास्क फोर्स का गठन किया गया। इस फोर्स की रिपोर्ट 'ज्वाइनिंग द डॉट्स' में विशेषज्ञों ने देश में बाघ संरक्षण के लिए आमूलचूल परिवर्तन की अनुशंसा की और 11 बिन्दुओं पर अपने सुझाव दिये। टास्क फोर्स द्वारा देश के सभी टाइगर रिजर्वों के लिए एकीकृत प्राधिकार बनाये जाने पर बल दिया जो इन रिजर्वों को ना सिर्फ़ धनराशि उपलब्ध कराये बल्कि इनके बीच समन्वय स्थापित कर सुरक्षा एवं संरक्षण कार्यों के अमल पर भी नज़र रखें।

वन्यजीव (संरक्षण) अधिनियम में 2006 ई. में पुनः संशोधन कर सांविधिक निकाय के रूप में पर्यावरण वन एवं जलवायु परिवर्तन मन्त्रालय के अधीन राष्ट्रीय व्याघ्र संरक्षण प्राधिकरण या नेशनल टाइगर कंजर्वेशन अथॉरिटी (एनटीसीए) का गठन किया गया। इस प्रकार देश में बाघों के संरक्षण के लिए स्थापित प्रोजेक्ट टाइगर को जन्म के क़रीब 23 सालों के बाद एक सशक्त संस्था का रूप मिला जिसके प्रत्येक आदेश का अनुपालन क़ानूनन बाध्य हो गया।

एनटीसीए की स्थापना के बाद देश में 25 और टाइगर रिजर्व बनाए गये। वर्तमान में देश के 74725 वर्ग कि.मी. में फैले 52 टाइगर रिजर्वों पर इस प्राधिकरण की नज़र रहती है। टाइगर रिजर्वों के प्रबन्धन के लिए निधि उपलब्ध करने के अलावा टाइगर रिजर्वों के प्रबन्धन योजना की तकनीकी मन्जूरी, विभिन्न समस्याओं से निपटने के लिए मानक संचालन प्रक्रिया बनाने, पूरे देश में बाघों की संख्या का आकलन, टाइगर रिजर्वों के प्रबन्धन प्रभावशीलता का मूल्याँकन जैसे महत्त्वपूर्ण क़दम एनटीसीए के द्वारा उठाए गये हैं। एनटीसीए देश में बाघों की प्रत्येक मौत पर नज़र रखती है और राज्य सरकारों को मौत के कारणों का पता लगाने के लिए बाध्य करती है; ताकि शिकार के मामलों पर नज़र रहे और जब ज़रूरत हो तो उचित क़दम उठाया जा सके। टाइगर टास्क फोर्स की अनुशंसा के आधार पर बाघों की संख्या जानने के आकलन की नयी विधि 2006 ई. में शुरू की गयी। भारतीय वन्यजीव संस्थान, देहरादून की तकनीकी देख-रेख एवं गैर-सरकारी संस्थाओं के सहयोग से एनटीसीए के द्वारा प्रत्येक चार वर्षों पर बाघों की संख्या का आकलन किया जाता है। कैमरा ट्रैप से लिए गये बाघों के चित्रों तथा इसके अधिवास एवं मानवीय दबावों के आधार पर बाघों की संख्या का आकलन किया जाता है। इस विधि से आँकलित 2006 ई. में 1411 बाघों से 2018 ई. में 2967 बाघों का हो जाना देश में बाघों की सुधरती दशा को दर्शाता है,[34] लेकिन भारत में वनों के क्षेत्रफल के हिसाब से यह संख्या काफ़ी कम है, क्योंकि कई वन अभी भी बाघ के मामले में सूने पड़े हैं।

---

34. Jhala, Y.V., Qureshi, Q. and Nayak, A.K. (eds) 2020. Status of tigers, copredators and prey in. India, 2018. National Tiger Conservation Authority, Delhi.

संरक्षण के लिए जन-सहयोग

बाघों के रहवासों पर मानवीय दबाव बहुत अधिक हैं। एक समय यह सोच बन रही थी कि मानव एवं बाघों को अलग-अलग रखकर दोनों का कल्याण किया जा सकता है, लेकिन बाद में इस अवधारणा को बदलते हुए बाघ एवं मानव के बीच सामंजस्य पूर्ण सम्बन्धों को आधार बनाकर संरक्षण का समावेशी ख़ाका तैयार किया गया; ताकि स्थानीय लोगों को बाघ संरक्षण का फ़ायदा मिले, लेकिन अभी भी यह सोच प्रौढ़ावस्था में नहीं पहुँची है। 1995 ई. एवं 2005 ई. के बीच ग्लोबल एनवायरनमेंट फैसिलिटी द्वारा वित्त पोषित और विश्व बैंक द्वारा कार्यान्वित इंडिया ईको-डेवलपमेंट प्रोजेक्ट को देश के सात संरक्षित क्षेत्रों-राजस्थान के रणथम्भौर, झारखण्ड के पलामू, केरल के पेरियार, मध्य प्रदेश के पेंच, पश्चिम बंगाल के बक्सा टाइगर रिजर्व, कर्नाटक के नागरहोल राष्ट्रीय उद्यान और गुजरात के गिर राष्ट्रीय उद्यान में लागू किया गया। इन संरक्षित क्षेत्रों पर स्थानीय समुदायों के कुप्रभावों को देखा गया। दूसरी तरफ़ संरक्षित क्षेत्रों के कारण स्थानीय लोगों को होने वाली समस्याओं को कम करने तथा इन संरक्षित क्षेत्रों के प्रबन्धन को सुदृढ़ करने के उद्देश्य में इस कार्यक्रम की सफलता मिली-जुली ही कही जा सकती है। इसी तर्ज़ पर अब बफर क्षेत्र के प्रबन्धन में स्थानीय लोगों को जोड़ने के प्रयास जारी हैं। महाराष्ट्र में डॉ. श्यामा प्रसाद मुखर्जी जन-वन योजना की शुरुआत का भी मोटा-मोटी यही उद्देश्य है कि लोग संरक्षित क्षेत्रों पर कम निर्भर हों तथा इस योजना के द्वारा लोगों की वन्यजीवों से होने वाली समस्याओं, जैसे-फसल नुक़सान, से निजात दिलाया जा सके।

बढ़ती मुसीबतें

तमाम कोशिशों के बावजूद बाघ के शिकार और अंगों का अवैध व्यापार अभी पीछा नहीं छोड़ रहा था कि इसके रहवास के ऊपर संकट के बादल मँडराने लगे। जंगल विकास की बलि चढ़ने लगे और बाघों का आशियाना उजड़ता गया। भारत के क़रीब 35% बाघ टाइगर रिजर्व के बाहर रहते हैं, और उनके ऊपर ख़तरा मंडराते रहता है। सही तौर पर बाघों के सुरक्षित रहवास टाइगर रिजर्वों तक सीमित होते जा रहे हैं। बाघों के निवाले वाले

घास भक्षियों पर शिकारियों की टेढ़ी नज़र जा टिकी। कई टाइगर रिजर्वों में भी बाघ के भोज्य प्राणियों के शिकार और अन्य जैविक दबावों जैसे मवेशी चराई और जलावन के लिए पेड़ों की कटाई के कारण बाघ के रहवास सिकुड़ते जा रहे हैं। भारत में बाघ देश की सबसे महँगी ज़मीन पर रहते हैं। खनिजों के पहाड़ पर जंगल में बाघों की बड़ी आबादी रहती है। खनिजों के लिए इन पहाड़ों की खुदाई का मतलब है बाघों के रहवास का उजड़ना। जिन राज्यों में खनन के लिए सबसे ज़्यादा वन-भूमि का दोहन हुआ वहाँ जंगल, वन्यजीवों के साथ ही साथ बाघों की संख्या में भी ज़्यादा गिरावट दर्ज़ की गयी जैसे ओडिशा, छत्तीसगढ़, झारखण्ड, तेलंगाना, आन्ध्र प्रदेश। इनके अधिवासों को जोड़ने वाले गलियारे भी हाईवे, रेल लाइन, नहर जैसी विकास की गतिविधियों से प्रभावित हो रहे हैं। मानव-बाघ संघर्ष की बढ़ती संख्या भी चिन्ताजनक है। सिकुड़ते वन, बाघ के आने-जाने वाले रास्तों पर मनुष्यों का अतिक्रमण, लोगों में बाघ के प्रति घटती सहनशक्ति इसके प्रमुख कारणों में से एक है। एक बड़ा तबका बाघों की बढ़ती संख्या को भी इसके लिए जिम्मेवार मानता है। इन सभी समस्याओं से जूझने के लिए अधिकतर टाइगर रिजर्व प्रशिक्षित एवं संसाधनों से लैस वनकर्मियों की कमी से जूझ रहे हैं।

टाइगर रिजर्व में समाहित सैंक्चुअरी और नेशनल पार्क

बाघों को बचाना है तो इसके लिए बड़ा संरक्षित क्षेत्र होना चाहिए। यह बाघों के संरक्षण के लिए सबसे बड़ी ज़रूरत है। एक टाइगर रिजर्व में एक या उससे अधिक वाइल्डलाइफ सैंक्चुअरी और नेशनल पार्क जैसे संरक्षित क्षेत्र के साथ ही साथ गैर-संरक्षित वन क्षेत्र भी आते हैं। ये संरक्षित क्षेत्र सामान्य तौर पर टाइगर रिजर्व का कोर क्षेत्र होते हैं जबकि गैर-संरक्षित वन एवं राजस्व भूमि इसके बफर क्षेत्र होते हैं। बफर क्षेत्र का मुख्य काम वन्यजीव बहुल कोर क्षेत्र को मानवीय आघातों से बचाना है, लेकिन यह ज़रूरी नहीं है कि बफर क्षेत्र कोर को सभी ओर से घेरे हुए हों। 2022 ई. तक के आँकड़े दर्शाते हैं कि देश में 74725 वर्ग कि.मी. में फैले टाइगर रिजर्व का क़रीब 55% क्षेत्र कोर तथा शेष बफर है।[35] कोर को मानवीय गतिविधियों से मुक्त होना चाहिए ताकि बाघ शान्त माहौल में

35. https://ntca.gov.in/tiger-reserves/#tiger-reserves-2

प्रजनन कर वंशवृद्धि कर सके। इसलिए इनके अन्दर बसे गाँवों के लोगों के लिए स्वैच्छिक विस्थापन का प्रावधान भी है। देश में हाल के सालों में टाइगर रिजर्व से कई गाँवों का विस्थापन किया गया है। विस्थापन के बाद ग्रामीणों को दी जाने वाली सुविधाओं पर कई बार सवाल भी उठते हैं। कुछ लोग विस्थापन को आदिवासी विरोधी भी मानते हैं। यह बहस का मुद्दा हो सकता है, लेकिन, कई टाइगर रिजर्वों से विस्थापन के अच्छे उदाहरण भी मौजूद हैं जहाँ विस्थापन ग्रामीणों की आजीविका और और वन्यजीवों के संरक्षण दोनों के लिए वरदान साबित हुए हैं। कोर के अन्दर पर्यटन गतिविधियों के ऊपर भी लगाम लग चुकी है। कोर क्षेत्र के 20% से ज़्यादा हिस्से पर पर्यटन गतिविधियाँ नहीं की जा सकती हैं।

टाइगर रिजर्व का विश्लेषण

देश के बाघ अधिवासित क्षेत्रों को पाँच भूभागों में विभाजित किया गया है।

1. शिवालिक एवं गंगा के मैदान में स्थित उत्तराखण्ड, उत्तर प्रदेश एवं बिहार के टाइगर रिजर्व
2. मध्य भारत एवं पूर्वी घाट में स्थित राजस्थान, मध्य प्रदेश, छत्तीसगढ़, झारखण्ड, महाराष्ट्र, तेलंगाना, आन्ध्र प्रदेश और ओडिशा के टाइगर रिजर्व
3. पश्चिमी घाट में कर्नाटक, तमिलनाडु, केरल और गोवा के संरक्षित क्षेत्र
4. पूर्वोतर के पर्वत्तीय और ब्रह्मपुत्र के मैदान में पश्चिम बंगाल के उत्तरी भाग, असम, अरुणाचल प्रदेश, मिज़ोरम और नागालैंड के संरक्षित क्षेत्र
5. पश्चिम बंगाल के दक्षिणी भाग में सुन्दरबन

वर्तमान में बाघ भारत के 16 राज्यों में पाये जाते हैं। बाघों की जनसंख्या के मामले में मध्य प्रदेश सबसे धनी है, जबकि दूसरे स्थान पर कर्नाटक का नाम है। 52 टाइगर रिजर्व में सबसे अधिक 6-6 टाइगर रिजर्व मध्य प्रदेश और महाराष्ट्र में हैं जबकि आन्ध्र प्रदेश, बिहार, झारखण्ड और मिज़ोरम में 1-1 टाइगर रिजर्व हैं। इस पुस्तक के अगले 11 अध्याय देश के 11 टाइगर रिजर्वों के छुए- अनछुए पहलुओं को प्रस्तुत करने

का एक प्रयास है। इन अध्यायों में टाइगर रिजर्वों को ना सिर्फ़ बाघ के संरक्षण के नजरिए से देखा गया है बल्कि इन स्थानों की जैव-विविधता के साथ ही साथ अन्य विशेषताओं को भी उभारने का प्रयास है जिसमें बाघ चार चाँद लगाते हैं।

राज्यवार टाइगर रिजर्व (कोर और बफर क्षेत्र का क्षेत्रफल)[36]

क्रमांक	टाइगर रिजर्व	स्थापना वर्ष	राज्य	क्षेत्रफल (वर्ग कि.मी.)		
				कोर	बफर	कुल
1.	दुधवा	1987-88	उत्तर प्रदेश	1,093.79	1,107.98	2,201.77
2.	पीलीभीत	2014-15	उत्तर प्रदेश	602.79	127.45	730.25
3.	कॉर्बेट	1973-74	उत्तराखण्ड	821.99	466.32	1288.31
4.	राजाजी	2015-16	उत्तराखण्ड	819.54	255.63	1075.17
5.	वाल्मीकि	1989-90	बिहार	598.45	300.93	899.38
6.	पलामू	1973-74	झारखण्ड	414.08	715.85	1,129.93
7.	सतकोसिया	2008-09	ओड़िशा	523.61	440.26	963.87
8.	सिमलीपाल	1973-74	ओड़िशा	1,194.75	1,555.25	2,750.00
9.	उदन्ती-सीतानदी	2008-09	छत्तीसगढ़	851.09	991.45	1,842.54
10.	अचानकमार	2008-09	छत्तीसगढ़	626.19	287.82	914.02

36. www.ntca.gov.in

11.	इन्द्रावती	1982–83	छतीसगढ़	1,258.37	1,540.70	2,799.07
12.	नागार्जुन सागर	1982–83	आन्ध्र प्रदेश	2,595.72	700.59	3,296.31
13.	अमराबाद	2013–14	तेलंगाना	2,166.37	445.02	2,611.39
14.	कवल	2012–13	तेलंगाना	892.23	1,123.21	2,015.44
15.	बाँधवगढ़	1993–94	मध्य प्रदेश	716.90	820.03	1,536.93
16.	पन्ना	1993–94	मध्य प्रदेश	576.13	1,021.97	1,598.10
17.	सतपुड़ा	1999–20	मध्य प्रदेश	1,339.26	794.04	2,133.31
18.	संजय धुबरी	2008–09	मध्य प्रदेश	812.57	861.93	1,674.50
19.	पेंच (मध्य प्रदेश)	1992–93	मध्य प्रदेश	411.33	768.30	1,179.63
20.	कान्हा	1973–74	मध्य प्रदेश	917.43	1,134.36	2,051.79
21.	रणथम्भौर	1973–74	राजस्थान	1,113.36	297.92	1,411.29
22.	सरिस्का	1978–79	राजस्थान	881.11	332.23	1.213.34
23.	मुकुन्द्रा हिल	2013–14	राजस्थान	417.17	342.82	759.99
24.	रामगढ़ विषधारी	2022–23	राजस्थान	481.91	1019.99	1501.89
25.	पेंच (महाराष्ट्र)	1998–99	महाराष्ट्र	257.26	483.96	741.22

26.	तडोबा अन्धारी	1993–94	महाराष्ट्र	625.82	1,101.77	1,727.59
27.	बोर	2013–14	महाराष्ट्र	138.12	678.15	816.27
28.	सहयाद्रि	2009–10	महाराष्ट्र	600.12	565.45	1,165.57
29.	मेलघाट	1973–74	महाराष्ट्र	1500.49	1,268.03	2,768.52
30.	नवेगाँव नागजीरा	2013–14	महाराष्ट्र	653.67	1,241.27	1894.94
31.	भद्रा	1998–99	कर्नाटक	492.46	571.83	1,064.29
32.	काली	2008–09	कर्नाटक	814.88	282.83	1,097.51
33.	नागरहोल	2008–09	कर्नाटक	643.35	562.41	1,205.76
34.	बिलगिरी रंगंथास्वामी टेम्पल	2010–11	कर्नाटक	359.10	215.72	574.82
35.	बाँदीपुर	1973–74	कर्नाटक	626.19	287.82	914.02
36.	कालाकाड मुन्दनतुरई	1988–89	तमिलनाडु	895.00	706.54	1,601.54
37.	मुदुमलई	2008–09	तमिलनाडु	321.00	367.59	688.59
38.	अनामलई	2008–09	तमिलनाडु	958.59	521.28	1,479.87
39.	सत्यमंगलम	2013–14	तमिलनाडु	793.49	614.91	1,408.40
40.	पेरियार	1978–79	केरल	881.00	44.00	925.00
41.	परम्बिकुलम	2008–09	केरल	390.89	252.77	643.66
42.	दाम्पा	1994–95	मिज़ोरम	500.00	488.00	988.00

43.	पाक्के	1999–20	अरुणाचल प्रदेश	683.45	515.00	1,198.45
44.	कामलांग	2016–17	अरुणाचल प्रदेश	671.00	112.00	783.00
45.	नामदफा	1982–83	अरुणाचल प्रदेश	1,807.82	245.00	2,052.82
46.	नामेरी	1999–20	असम	320	144.00	464.00
47.	काजीरंगा	2008–09	असम	625.58	548.00	1,173.58
48.	ओरांग	2016–17	असम	79.28	413.18	492.46
49.	मानस	1973–74	असम	526.22	2,310.88	2,837.10
50.	सुन्दरबन	1973–74	प. बंगाल	1,699.62	885.27	2,584.89
51.	बक्सा	1982 83	प. बंगाल	390.58	367.32	757.90
52.	श्रीविल्लिपुथुर मेघमलै	2020–21	तमिलनाडु	641.86	374.70	1016.57

गण्डक के तीरे : वाल्मीकि टाइगर रिजर्व

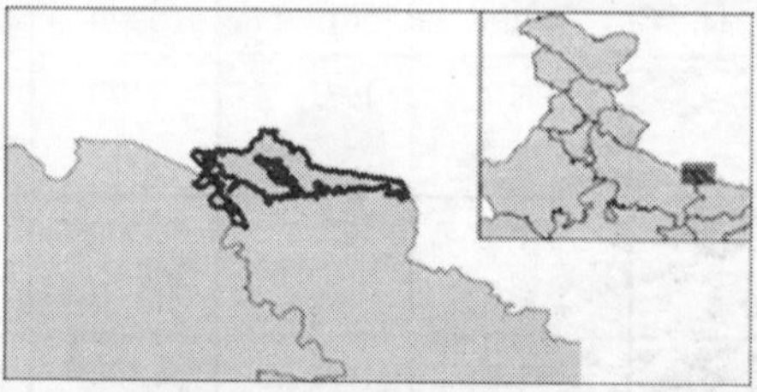

मानव सभ्यताओं ने नदियों की उँगलियों को पकड़ा और फलती-फूलती चली गयी। मनुष्य ने अपने अधिवास, कृषि और गमनागमन का प्रबन्ध किया। दूसरी तरफ़ प्रकृति अपनी दूसरी कृतियों के रहने-खाने की व्यवस्था करती गयी। एक तरफ़ सिन्धु घाटी सभ्यता दम तोड़ रही थी तो गंगा घाटी की सभ्यता अपने उठान पर थी। हिमालय से गंगा के उत्स के समानान्तर धौलागिरि से एक नदी और निकली नाम दिया गया गण्डक। हिमालय से उतरती यह नदी नेपाल के नवलपरासी जिले के त्रिवेणी क़स्बे में मैदानी धरा को चूमती है। प्राचीन काल से ही सौभाग्यशाली इस नदी के बायें किनारे बिहार की मिथिला है तो दाहिने किनारे उत्तर प्रदेश का कोसल। इन दोनों किनारों को जोड़ती है यह नदी। यह नदी चारों तरफ़ से जंगलों से घिरी हुआ करती थी। सारण (सारंग अरण्य), चम्पारण (चम्पा अरण्य) और लिच्छवियों की राजधानी वैशाली के इलाके इसके जलग्रहण क्षेत्र में आते हैं। मनुष्यों ने मशीनों का हाथ पकड़ा और ये सारे अरण्य विलुप्त होते चले गये बाद के वर्षों में चम्पारण की यह धरती नीलहा आन्दोलन और गाँधी के चम्पारण के रूप में जानी जाने लगी।

चम्पा अरण्य (चम्पारण) की सिसकियों में दब गयी चम्पा के फूलों की सुगन्ध और लोग भूल गये भारत और नेपाल की सीमा पर स्थित

है 'वाल्मीकि नगर'। जिसे आस-पास के लोग भैंसालोटन के नाम से ही ज़्यादा जानते हैं। इस क्षेत्र ने लम्बी यात्रा की है, किंवदन्तियाँ कहती हैं कि-जनकनन्दिनी सीता ने राम के द्वारा परित्याग किये जाने के बाद यहीं वाल्मीकि आश्रम में शरण लिया था। लव-कुश के घोड़ों की टाप को पहचानते हुए लोगों ने जाने कब सीता की रसोई और स्नानागार का निर्माण कर दिया।

गण्डक में प्यास बुझाता चीतल

कालान्तर में वाल्मीकि ऋषि की पावन भूमि डाकुओं की बन्दूकों की आवाज़ के लिए जानी जाने लगी। गण्डक परियोजना और विभिन्न बदलावों की यह स्थली बिहार के मुख्य भागों से अलग-थलग अपनी सुन्दरता दिखाने के लिए आकुल रहती थी। 'बाघ बचाओ' अभियान की तरफ़ जब लोगों का ध्यान गया तब नीतिकारों और प्रशासकों ने विभाजित बिहार को एकमात्र व्याघ्र संरक्षण क्षेत्र दिया, नाम रखा 'वाल्मीकि टाइगर रिजर्व'। एक ऐसा वन-क्षेत्र जिसमें बाघों को संरक्षित किया गया है। उसके चप्पे-चप्पे से मैं (समीर कुमार सिन्हा) वाक़िफ रहा। 2003 ई. में मैंने वाइल्डलाइफ ट्रस्ट ऑफ इंडिया (डबल्यूटीआई) में नौकरी शुरू की थी।

नौकरी के पूर्व साक्षात्कार में वाइल्डलाइफ ट्रस्ट ऑफ इंडिया के निदेशक विवेक मेनन ने मुझसे वन्य जीवों के बारे में पूछने के साथ-साथ यह प्रश्न दागा कि-'क्या आपको वाल्मीकि नगर में होने वाले अपहरणों की जानकारी है?' लम्बे समय तक वाल्मीकि की इस धरा पर अपहरण एक उद्योग की तरह फला-फूला।

इतिहास के साथ वाल्मीकि के जंगलों की यात्रा

पश्चिम में गण्डक नदी और पूर्व में ढोरहम नाले के पास तक फैले वाल्मीकि के जंगल का भविष्य पहले जमींदारों के भरोसे थे। बेतिया राज और रामनगर राज के पास इन जंगलों का मालिकाना हक था। एक तरफ़ बेतिया राज ने इनके प्रबन्धन के लिए एक कुशल टीम तैयार की थी। जिसमें जंगल के अधिकारी और सिपाही थे। इस प्रबन्धन में दूरदर्शिता का पुट था। दूसरी तरफ़ रामनगर राज ने अपने हिस्से के जंगलों का कोई वैज्ञानिक प्रबन्धन नहीं किया था। रामनगर राज ने अपने हिस्से के जंगल को नेपाल टिम्बर कम्पनी और मेसर्स डियर कम्पनी को पट्टे पर दे दिया था।[37]

शोधार्थियों के अनुसार द्वितीय विश्व युद्ध के बाद यह जंगल अपने विनाश की ओर बढ़ने लगा था। शिकार के गन्दे खेल के लिए इस जंगल को तैयार किया जाने लगा था। जंगल के आठ 'हंटिंग ब्लॉकों' को शिकार का मुख्य केन्द्र बनाया था। ठोरी, रघिया, गोवर्धना, भीमबाँध, पुरइनिया, कोसिल, भपसा और पखनाहा शिकार के मुख्य स्थान थे। चालीस के दशक तक उन घने जंगलों में पाया जानेवाला एक सींग वाला गैंडा हमेशा के लिए समाप्त हो गया। शोध के अनुसार 1939 ई. में आख़िरी बार एक गैंडे को देखा और मारा गया था।[38] बाढ़ के दौरान नेपाल से आने वाली गण्डक अपने पानी के साथ न सिर्फ़ शालिग्राम शिला और बड़े-बड़े पेड़ों को बहाकर लाती है बल्कि गैंडे जैसे भारी-भरकम जानवरों को भी।

37. Chaudhury, Roy P. C. 1960. Bihar District Gazetteers – Champaran. Secretariat Press, Bihar, Patna

38. -as above-

नेपाल के चितवन नेशनल पार्क से बहकर कुछ गैंडे 2001-02 ई. में मदनपुर और आस-पास के इलाक़े में आ बसे। 2003 ई. में एक बच्चे ने जन्म भी लिया। बाद में विभिन्न कारणों से यह प्रवासी कुनबा काल के गाल में समा गया। पुनः 2016 ई. में नेपाल से क़रीब दर्जन भर गैंडे गण्डक की बाढ़ में मदनपुर क्षेत्र में आये इनमें से कईयों को पकड़कर पुनः नेपाल के जंगलों में भेज दिया गया। शिकार ने न सिर्फ़ गैंडे बल्कि कृष्णमृगों और कई अन्य प्रजातियों के जीवों को भी विलुप्ति के दरवाज़े पर खड़ा कर दिया। दरभंगा महाराज, ब्रिटिश शिकारी और नेपाल का शाही परिवार अपने मनोरंजन को इन जंगलों में ढूँढ़ता था।

कहते हैं 1911 ई. में किंग जॉर्ज पंचम दिल्ली में ताजपोशी के बाद वाल्मीकि नगर से पूरब भिखना ठोरी स्टेशन में रुका था। उसका दलबल हाथियों पर सवार होता और फिर अपने ख़ूनी खेल में लग जाता था। ऐतिहासिक साक्ष्य एवं आँकड़े बताते हैं कि 28 दिसम्बर 1911 ई. तक उसने वाल्मीकि जंगल से सटे नेपाल के चितवन इलाक़े में उनचालीस बाघ, अठारह गैंडों और चार भालुओं का शिकार किया था।[39] वाल्मीकि और चितवन के सटे जंगलों को अलग करके देखना सही नहीं होगा और इस तबाही के असर से यहाँ के बाघों की आबादी काफ़ी वर्षों तक उबर नहीं पायी होगी, वैज्ञानिक प्रमाण नहीं होने के बावजूद स्थिति में भी इसका अनुमान लगाना कठिन नहीं है।

वाल्मीकि के जंगलों ने फिर नब्बे के दशक में अपराधियों के खात्मे के लिए चलाये जा रहे 'ऑपरेशन ब्लैक पैन्थर' के दौरान बहुत ही झंझावात सहे। जंगलों में छिपनेवाले अपराधियों से निजात पाने के नाम पर जंगलों के वास्तविक हक़दारों को गोलियों से तो मारा ही गया साथ ही साथ बाघों और तेन्दुओं को विष भी दिया गया। इन विषैली साजिश में कितने ही निरीह जीव मारे गये।

---

39. Rookmaaker, K, Nelson, B. and Dorrington, D. 2005. The royal hunt of tiger and rhinoceros in the Nepalese terai in 1911, Pachyderm, 38, pp. 89-97

वाल्मीकि - प्रकृति का अद्भुत तिलिस्म

नेपाल की तराई में बसे इस धरती के टुकड़े को सोनहा, पंचनद, भपसा, हरहा, मसान, मनोर, रोहुआ, द्वारदह, पंडई, सींघा, कापन और दोरहम जैसी छोटी-बड़ी नदियाँ सींचती है। साल या सखुआ के बहुतायत वाले वन में भी आसन, करमा, असीध या सीधा, सतसाल, भीलोर, कोरया आदि पेड़ों के बीच महुलान जैसी काष्ठीय लताएँ आम हैं। थारू जनजाति के लोग महुलान के पत्ते से खाने की थाली बनाते हैं तथा उसके बीज से खाने का तेल निकालते हैं। मज़बूत महुलान लताएँ बड़े से बड़े पेड़ को भी जकड़कर उसे गिरा देती हैं, लेकिन, इस लता का ऐसा व्यवहार जंगल में खाली जगह पैदा करना होता है। जिससे सूर्य की रोशनी नीचे तक पहुँचकर अन्य पौधों को जीवन प्रदान कर सके। वैसे वन विभाग के कर्मचारी ऐसे पौधों को जंगल का दुश्मन मानते हैं क्योंकि यह क़ीमती पेड़ों को क्षति पहुँचाता है। घास के मैदान हिमालय तराई की पहचान है। वाल्मीकि में 115 प्रजाति के घासों की उपस्थिति इसकी जैव-विविधता को समृद्ध करती है।

वाल्मीकि के जंगल

मेध के पेड़ की छाल का थारू दवा के रूप में इस्तेमाल करते हैं। कहते हैं इससे अगरबत्ती बनाने में भी इस्तेमाल किया जाता है। बेंतों की लताएँ मदनपुर वन क्षेत्र को सदाबहार बनाती है और बाघों को छुपने का आशियाना प्रदान करती है। वाल्मीकि के बेंत पतले होते हैं इसलिए इससे महीन बुनाई की जा सकती है, इसी कारण इनका अवैध व्यापार किया जाता है। पहाड़ी साल वनों में नीचे छोटे खजूरों की घनी झाड़ियाँ यह बताने के लिए काफ़ी हैं कि यह इलाक़ा जंगल की आग से प्रभावित रहता है। आग लगने वाले स्थानों पर बरसात में खाने वाले जंगली मशरूम भी निकल आते हैं जो थारुओं की थाली में प्रोटीन के स्त्रोत होते हैं।

जूलोजिकल सर्वे ऑफ इंडिया[40] एवं अन्य अध्ययनों के अनुसार क़रीब साठ स्तनधारियों तो दस उभयचरों की टर्र-टर्र और सताईस रेप्टाइल की प्रजातियाँ ख़ूबसूरत जंगल को आबाद करती हैं। यहाँ क़रीब 300 प्रजाति की चिड़ियों की चहचहाहट सुनायी देती है। शिकारी पशुओं में बाघ, तेन्दुआ, जंगली कुत्ते, भेड़िये मुख्य रूप से पाये जाते हैं तो लोमड़ी, सियार, जंगली बिल्लियाँ, फिशिंग कैट, लकड़बग्घे आदि अन्य मांसाहारी हैं। सिरो, चीतल, साम्भर, नील गाय, गौर, गोराल, मोर, धनेश, पहाड़ी मैना इत्यादि भी पाये जाते हैं। इस इलाक़े में बाघों की संख्या काफ़ी कम थी अभी संरक्षण के प्रयासों ने इनकी संख्या बढ़ायी है। अब तक के आँकड़े बता रहे हैं इनकी संख्या चालीस से ज़्यादा पहुँच गयी है।

कहानी घरथीनिया की

2003 ई. में वाल्मीकि टाइगर रिजर्व ज्वाइन करने के बाद मेरे मन में गज़ब का उत्साह था। पहली नौकरी की ख़ुशी, दूसरी अपनी पसन्द की नौकरी। मेरे लिए जिम कॉर्बेट के क़िस्से साकार होते दिख रहे थे। एक पहलू यह भी था कि पर्यावरण विज्ञान से एमएससी करते समय मन में धरती को बचाने की अधीरता आयी थी। उसे मूर्त्त रूप देने का समय आ गया था। उन्नीस सौ छियानबे में पटना चिड़ियाघर भ्रमण के समय चिड़ियाघर के निदेशक पी.सी. मिश्रा ने मेरी उत्सुकता देख एस.पी. शाही द्वारा लिखी और

40. Zoological Survey of India. 1998. Fauna of Valmiki Tiger Reserve. Pp.1-84

1977 में प्रकाशित किताब 'बैक्स टु द वालः सागा ऑफ वाइल्डलाइफ इन बिहार-इंडिया' को पढ़ने के लिए प्रेरित किया था। मुझे वो किताब पटना चिड़ियाघर की लाइब्रेरी से ही मिल गयी। उस किताब ने ही मुझे रोज़ी-रोटी के इस तरीक़े को सुझाया था। वन्यप्राणियों के साथ रहते हुए अपने पैशन, इमोशन और शिक्षा तीनों का सही तरीक़े से उपयोग और सामंजस्य मेरी यात्रा में शामिल हो गयी।

घरथीनिया नाले का ज़िक्र शाही जी ने अपनी पुस्तक में किया है-'घरथीनिया नाले के पास बाघ अपना शिकार ढूँढ़ने आते थे।' शाही जी के साथ जाते थे जटा जिनकी उम्र उस समय लगभग 26-27 वर्ष रही होगी। एक बार उन्होंने जटा को नाले के पास पाड़ा (नर भैंस) बाँधने के लिए कहा। उन्हें उम्मीद थी कि बाघ आयेगा, लेकिन उस रात बाघ नहीं आया पर रात में चमकते पाड़े की आँख को बाघ समझ शिकारियों ने पाड़े पर गोली चला दी थी। सुबह मरे हुए पाड़ा को देख शाही जी की आस टूट गयी, उन्हें बाघ के कोई निशान नहीं दिखे और वे स्टीमर से पटना ना उम्मीद होकर लौट गये। यह समय शिकार का चरम काल था जब जमींदार और शिकारी अपनी हवस शान्त करते थे।

संयोग की बात, वही 'जटा' मेरे भी फिल्ड असिस्टेंट थे। जिनकी पहचान थी घने से घने जंगल में भी नंगे पाँव चलना। वाल्मीकि की रग-रग से वाक़िफ़ हैं जटा। उन्होंने मुझे उन जगहों को दिखलाया जहाँ शाही जी बैठकर फ़ोटो खींचते और बाघ को छुपकर देखते थे। एक बंकरनुमा जगह थी जहाँ शाही साहब अक्सर आया करते थे।

मैंने भी उस जगह को चुना। मेरे लिए एक बीज के जन्म लेने की खुशी थी जब मैंने पहले दिन उस नाले के पास बाघ के पंजे को देखा। नाले के बंकरनुमा जगह से थोड़ा आगे बढ़ने पर जंगली कुत्तों (ढोल) के समूह का मल देखकर मन रोमांचित था। जंगली कुत्ते हिमालय की तराई में लगभग समाप्त हो चले हैं। उनके मल बता रहे थे कि इन कुत्तों ने चीतल का शिकार किया है क्योंकि उस मल में चीतल के बाल नज़र आ रहे थे। मांसाहारियों एवं परभक्षियों की कारिस्तानी तुरन्त समझ में आ जाती है क्योंकि मांस को पचा जानेवाले जानवरों के बाल को नहीं पचा पाते। शोधार्थी इनके मल के सिरे को पकड़ ही अपनी आगे की यात्रा करते हैं।

उस मल के नमूने को लेकर कुछ दूरी तय की थी कि झड़ियों में सरसराहट हुई, पीछे मुड़कर देखा तो कोई जानवर था। मुझसे चालीस मीटर की दूरी पर खड़ा था एक विशाल गौर। वह मुझसे ज़्यादा सतर्क और सचेत था। मैंने जैसे ही अपना कैमरा फोकस करना चाहा वो जाने कहाँ गुम हो गया? थोड़ी देर के लिए मेरा इन्सानी दिमाग इस कचोट में था कि मैंने किसी के आराम में खलल डाल दी। वाल्मीकि में गौर देखने के दो मुख्य अड्डे हैं–सोनहा–पंचनद घाटी के आस–पास और कापन–अछोह घाटी के आस–पास का इलाक़ा। उनके लिए ज़रूरी घास के मैदानों की हालत ठीक होने के बाद इनकी संख्या में अब वृद्धि हो रही है। पहले इनका नेपाल की ओर आना–जाना लगा रहता था। शाही साहब द्वारा चिह्नित यह जगह मेरे प्रिय क्षेत्रों में से एक रहा जहाँ मुझे दो बार बाघों के द्वारा शिकार के चिन्ह मिले। पानी की उपलब्धता के कारण आज भी यह बाघों का प्रिय स्थान है ख़ासकर गर्मियों में बाघ भी छाँव की खोज में इस जगह की शरण लेते हैं।

2005 ई. में मुझे स्वचालित कैमरा ट्रैप मिला तो मैंने अपनी पसन्दीदा जगह में उसे लगाया था। तब मायूसी हाथ लगी थी, मुझे बाघ के चित्र नहीं मिले थे। बाद में भी मैं इस लोभ का संवरण नहीं कर पाया और कई बार वहाँ कैमरा लगाया जहाँ बाघ के चित्र मिले। 2011 ई. में इसी नाले के पास कैमरा–ट्रैप से लिए गये बाघिन और उसके दो शावकों के चित्र मेरे पसन्दीदा चित्रों में से एक हैं।

त्रिवेणी का परिवार

त्रिवेणी नेपाल की वही जगह है जहाँ गण्डक नदी मैदानी भूमि को स्पर्श करती है। नेपाल में यह नदी नारायणी नाम से जानी जाती है, जिसे सदानीरा की भी संज्ञा दी गयी है। नेपाल के ऊपरी भाग में इस नदी में शालिग्राम मिलते हैं। भारतीय मिथकों में वृन्दा के श्राप ने विष्णु को शालिग्राम पत्थर बना दिया तो ख़ुद नारायणी (गण्डक) नदी बन गयी। गण्डक (नारायणी) यहीं उतरकर सोनहा और पंचनद नदियों से मिलकर त्रिवेणी संगम हो जाती हैं। सोनहा और पंचनद की धाराएँ संगम तक वाल्मीकि उद्यान होकर ही गुज़रती हैं। वाल्मीकि के बड़े भाग में छानी छाने वाला 'खर'

(सैक्रम स्पोंटेनियम) इन नदियों के गादों में बहुतायत में पाये जाते हैं। यह स्थान बाघों के लिए बहुत ही उपयुक्त स्थल है। यहाँ पानी और भोजन के शिकार हेतु घात लगाने के लिए अनुकूल जगह भी है। कभी-कभी नदी के तट पर पानी पीती जटाशंकर मन्दिर की गायें इन बाघों का शिकार बन जाती हैं। बेलौस होकर बिन चरवाहे की गायों को बाघ आसानी से आहार बना लेते हैं।

त्रिवेणी संगम के इर्द-गिर्द एक बाघिन रहती थी। हालाँकि उसके विचरण की दूरी चौदह-पन्द्रह वर्ग कि.मी. तक थी। उस बाघिन का ज़्यादा समय नेपाल के चितवन नेशनल पार्क में गुज़रता था। उस बाघिन के पंजों को पहली बार 2004 ई. में देखा था और तभी उसे 'त्रिवेणी' नाम दे दिया था। इस बाघिन के पंजों के निशान मैंने पहचान लिए थे। 'त्रिवेणी' के पिछले बायें पैर के निशान ज़मीन पर थोड़े तिरछे पड़ते थे। वाल्मीकि में बाघों का साक्षात् दर्शन बिलकुल मुश्किल है। मानवीय उपस्थिति और हलचल से डरे ये बाघ कभी-कभार ही दिखते थे। बाघों का कम घनत्व तथा घनी झाड़ियों के कारण बाघ दर्शन दुर्लभ ही था। मेरी वाल्मीकि के बाघ से पहली साक्षात् मुलाकात 2010 ई. में अहले सुबह गोवर्धना रेस्ट हाउस के पीछे फॉरेस्ट रोड पर हुई थी।

साल 2005 ई. एक खुशख़बर लेकर आयी थी। मुझे त्रिवेणी के पंजों के साथ दो बाघ शावकों के भी पंजे मिले थे। बाघिन जब अपने बच्चों के साथ होती है तब काफ़ी ख़तरनाक हो जाती है। मैंने अपनी सुरक्षा को देखते हुए त्रिवेणी की पसन्दीदा जगहों में चहलक़दमी कम कर दी थी। त्रिवेणी की इस खुशी में मैं भी शामिल होना चाहता था। उस समय मुझे पाँच कैमरा ट्रैप मिले थे। त्रिवेणी की पसन्द की जगहें मुझे मालूम थीं, मैंने उन जगहों पर कैमरा लगा दिया था। एक रास्ते के पास दो कैमरे लगा दिये। तीसरे दिन हम सब झूम उठे जब त्रिवेणी उस रास्ते से अपने बच्चों के साथ गुजरी और हमें तस्वीर उपहार में दी। अब तक मैंने वाल्मीकि के बाघ और उनके बच्चों की कोई तस्वीर नहीं देखी थी। यह पहली तस्वीर हमारी उपलब्धियों में दर्ज़ हो गयी। यह मेरी वाल्मीकि की सबसे पसन्दीदा तस्वीर है। त्रिवेणी के बच्चे बड़े होने लगे मैं उन बच्चों में अपने बच्चों सा लगाव देखता और उनकी तस्वीरों को उतारने की लगातार कोशिश।

त्रिवेणी भी इन कैमरों और फ्लैश की अभ्यस्त हो चुकी थी। एक दिन त्रिवेणी गुजर रही थी और फ्लैश करता कैमरा अचानक से बन्द हो गया। तब तस्वीर खिंचवाने की शौक़ीन त्रिवेणी ने फ्लैश न चमकने के कारण मेरे कैमरे पर पंजों से प्रहार किया फिर बाद में मूत्र त्याग चली गयी। त्रिवेणी की इस इन्सानी हरकत ने मुझे अचम्भे में डाल दिया था। 2005 ई. से 2010 ई. के बीच त्रिवेणी ने दो बार दो-दो शावकों को जन्म दिया। 2011 ई. में घरथीनिया नाले के पास ली गयी तस्वीर त्रिवेणी की बेटी की थी।'

वाल्मीकि के आस-पास

मांसाहारी बाघों की संख्या पूर्ण रूप से उस क्षेत्र में पाये जाने वाले मध्यम आकार के शाकाहारी प्राणियों की उपलब्धता के समानुपाती होते हैं। वाल्मीकि के बाघों के मल नमूनों के सूक्ष्म परीक्षण ने यह बतलाया कि इन बाघों के ज़्यादातर शिकार साम्बर और चीतल बने हैं। आस-पास के गाँवों के मवेशी भी यदा-कदा इनके आहार बनते हैं। इससे बाघ और मनुष्यों के बीच दुश्मनी पैदा होती है। लगभग नौ सौ वर्ग कि.मी. में फैले इस टाइगर रिजर्व के इर्द-गिर्द डेढ़ सौ गाँव हैं। नेपाल की तराई का यह इलाक़ा थारु जनजातियों की उपस्थिति के कारण 'थारुआर' व 'थरुहट' नाम से जाना जाता है। हिन्दू मान्यताओं को मानने वाली यह जनजाति अपने को सिसोदिया वंश के राजपूत कहते हैं। स्त्रियों को विशेष दर्ज़ा देनेवाला थारु समाज अपनी सम्पत्ति में विशेष हक देता है। थारु नाम इनके एक जगह डटकर रहने के कारण ही दिया हो, क्योंकि ये किसी भी परिस्थिति में अपनी ज़मीन को नहीं छोड़ते हैं। मुख्यत: खेती किसानी करनेवाली यह जनजाति जंगलों पर भी निर्भर रहती है। इन्हें नदियों के रेत से सोना निकालने की भी कला मालूम है। बरसात के बाद जब यहाँ की नदियाँ ताजे रेत के साथ इन थारुओं के लिए सोने के कण भी लाती हैं। इस समय थारू 4-5 लोगों की टोली बनाकर नदियों से सोना निकालते दिख जायेंगे। थारु नेपाली और भोजपुरी दोनों बोलते हैं। वाल्मीकि के थारु चावल और मांसाहार प्रेमी हैं। घोंघी, मछली, मुर्गा, कबूतर या परेवा, सूअर का मांस खाते हैं। जिउतिया पर्व के दौरान महिलाएँ चावल की चेची बनाती हैं, जिसे चावल के आटे को भाप देकर पकाया जाता है।

थारू महिलाएँ मूज और खर घास से बहुत ही सुन्दर मौनी, डलिया आदि बनाती हैं, जो दहेज़ में बेटी के साथ चावल भेजने के भी काम आता है। झारखण्ड के हड़िया से मिलती-जुलती चावल से बनायी जानेवाली शराब इनके पसन्दीदा पेय पदार्थों में शामिल है। गुड़ की शराब रक्सी भी इनके पसन्दीदा हैं। अतिथियों के स्वागत में आनन्दी चावल का भूजा परोसना इनकी संस्कृति का प्रमुख हिस्सा है।

वाल्मीकि से सोनपुर का सफर

यह सफर गण्डक नदी की यात्रा है जिसमें नदी अपने जंगल और जीवों के साथ एक आनन्दपूर्ण जीवन बिताकर सोनपुर से थोड़ी दूर गंगा में मिल जाती है। मान्यताएँ यह बताती हैं कि वाल्मीकि नगर के पास ही गज (हाथी) और ग्राह (मगरमच्छ) के बीच लड़ाई शुरू हुई थी। ग्राह ने गज के पाँव को अपने मुँह में दबोच लिया था। वर्षों तक यह संघर्ष चला। मिथकों के अनुसार सोनपुर में विष्णु के चक्र से ग्राह को मारने और गज को बचाने के बाद इस लड़ाई का अन्त हुआ था। सोनपुर का हरिहरनाथ मन्दिर और त्रिवेणी में गजेन्द्र मोक्ष मन्दिर इसके साक्षी हैं।

कभी-कभी वाल्मीकि के बाघ गण्डक के किनारे-किनारे भोजन का पीछा करते सोनपुर के दियारा तक लोगों से छुपते-छुपाते क़रीब 300 कि.मी. तक की यात्रा तय कर लेते हैं। कभी-कभी ही इनकी भिड़ंत गाँव वालों से होती है। गण्डक के दोनों किनारों पर लम्बी घासों से आच्छादित क्षेत्र हैं, जो जंगली सूअरों, नीलगायों और हिरणों के पनाहगाह हैं। बाघों के लिए यह एक प्रमुख आकर्षण होते हैं। अब तो एक-दो बाघ गण्डक किनारे रतवल के पास लेदिहरवा रेता में क़रीब-क़रीब स्थायी तौर पर रहने लगे हैं।

जल और ज़मीन के बीच जूझती ज़िन्दगी : सुन्दरबन

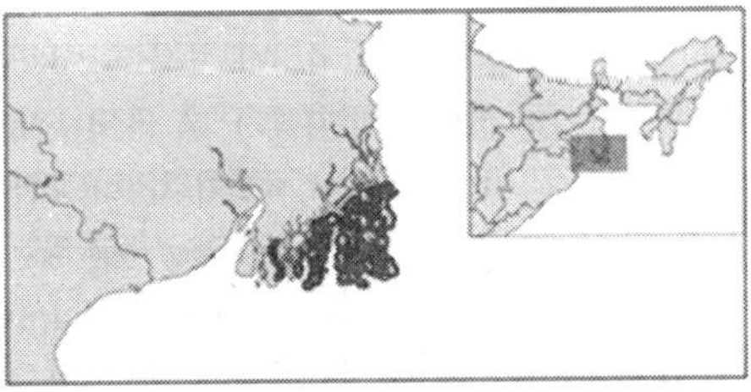

गंगोत्री से निकलकर चलते-चलते थकी गंगा नदी भूमि की कम ढाल के कारण अपनी गति लगभग न के बराबर कर देती है। अपने साथ लायी गयी माटी के बोझ को किनारे जमा करते ही एक नयी आकृति जन्म देती है जिसे लोग डेल्टा का नाम देते हैं। इस समय गंगा की उपधारायें कहीं धनुषाकार झील में तब्दील हो जाती हैं तो कुछ नदियाँ समुद्र के ज्वार (टाइड) के पानी को समाहित कर ज्वारीय नदियों यथा जालंगी, भैरव, कालिन्दी, विद्याधरी जैसे नाम पा लेती हैं। डेल्टा के दक्षिणी भाग को समुद्र का खारा पानी मिलता है। दलदली और नमकीन भाग में सुन्दरी के वृक्षों के आसानी से बड़ी तादाद में उगने के कारण 'सुन्दरी का वन' (सुन्दरबन) के नाम से पहचान मिलती है। सुन्दरी के साथ उगे देवा, केवड़ा, गोरान आदि वृक्षों के नाम नेपथ्य में चले जाते हैं। सुन्दरबन का नाम लेते ही हमारी आँखों के सामने हरे-भरे सुन्दरी (शुन्दोर) के वृक्षों के साथ नाव पर जीवन और एक घने जंगल की छवि उभरती है। बंगाल की खाड़ी में गंगा, ब्रह्मपुत्र और मेघना नदियों के डेल्टा का क्षेत्र संसार के सबसे बड़े दलदली जंगल (मैन्ग्रोव फॉरेस्ट) के नाम में दर्ज़ सुन्दरबन, भारत और बांग्लादेश के बीच क़रीब 26 हजार वर्ग कि.मी. में पसरे अन्तर-ज्वारीय

क्षेत्र का हिस्सा है।[41] सुन्दरबन की इस धरती पर जल, वन-आच्छादित द्वीप, खेत और मानवीय बस्तियाँ हैं। इसमें 9630 वर्ग कि.मी. का क्षेत्र भारत के पश्चिम बंगाल राज्य के उत्तर और दक्षिण 24-परगना ज़िले में और शेष भूमि बांग्लादेश में है।[42] इस पूरे क्षेत्र को यूनेस्को द्वारा 2001 ई. में सुन्दरबन बायोस्फियर रिजर्व घोषित किया गया है।[43] भारतीय सुन्दरबन पश्चिम में मुरिगंगा और पूर्व में हरिनभागा और रायमंगल नदियों के बीच बसा है।

भारतीय सुन्दरबन के 4263 वर्ग कि.मी. पर दलदली मुहाने वाले मैन्ग्रोव वन पाये जाते हैं। इसका 55% भाग वनस्पतियों से ढका है। जबकि शेष जलाच्छादित क्षेत्र है। देश के मैन्ग्रोव वन क्षेत्र का क़रीब 60 प्रतिशत सुन्दरबन में है।[44] सुन्दरबन द्वीप समूह पर सैकड़ों द्वीप हैं और इनका वजूद बनता और मिटता रहता है। भारतीय सुन्दरबन में 102 द्वीप हैं, हाल के दशकों में चार ने अपना वजूद खो दिया। अभी 54 द्वीपों पर मनुष्यों का जीवन है। वर्तमान सुन्दरबन का भौतिक स्वरुप पिछले 300 सालों की देन है।[45] शोधों के अनुसार भारतीय सुन्दरबन का पन्द्रह प्रतिशत तो बांग्लादेश का सत्रह प्रतिशत जंगल हमेशा-हमेशा के लिए समुद्र में समाहित हो चुका है। हिन्दू मान्यताओं के अनुसार 'सारे तीरथ बार-बार गंगासागर एक बार' भी इन्हीं द्वीपों पर स्थित है।

---

41. CSE. 2012. Living with changing climate impact, vulnerability and adaptation challenges in Indian Sundarbans, Centre for Sceince and Environment, New Delhi.
42. Vyas, P. 2017. Sundarban: Confrontation to Conservation, Geography and You. (https://geographyandyou.com/sundarban-confrontation-conservation/#:~:text=The%20Sundarban%20is%20the%20world's,Bengal%20along%20India%20and%20Bangladesh.)
43. https://en.unesco.org/biosphere/aspac/sunderban
44. Annual Report 2017-18. Sundarban Tiger Reserve. Government of West Bengal. https://sundarbantigerreserve.org/str/administrator/upload/Final%20copy.pdf
45. CSE. 2012. Living with changing climate impact, vulnerability and adaptation challenges in Indian Sundarbans, Centre for Sceince and Environment, New Delhi.

सुन्दरी (शुन्दरी) के वृक्षों का जादू

सुन्दरी, सुन्दर, जेकन्जों और पिनेल्कान्जो नामों से प्रसिद्ध यह वृक्ष सुन्दरबन के लगभग दो-तिहाई हिस्से को आच्छादित करता है। खारे पानी और दलदल में भी उगने की क्षमता रखने वाले ये वृक्ष सच में प्रकृति के अजूबे हैं। बीस से तीस मीटर ऊँचे इस पेड़ का वानस्पतिक नाम *Heritiera fomes* है। इन सदाबहार वृक्षों की ख़ूबसूरती के बावजूद हाल के दिनों में अवैध कटाई और मलेशिया, इण्डोनेशिया जैसे देशों में वृक्षों की बीमारी की वजह से इन्हें आईयूसीएन (IUCN) की रेड लिस्ट में संकटग्रस्त माना है।[46] अगर संरक्षण के तरीक़ों पर गौर नहीं किया गया तो ये सुन्दर वृक्ष हमेशा-हमेशा के लिए इस धरती से विदा ले लेंगे।

सुन्दरबन की एक शाम

---

46. Kathiresan, K., et al. 2010. *Heritiera fomes.* The IUCN Red List of Threatened Species 2010: e.T178815A7615342.

सुन्दरबन का इतिहास

ग्रीक यात्रियों एवं प्राचीन इतिहासकारों ने इसे गंगरिदी या गंगाराष्ट्र के नाम से जाना। गंगाराष्ट्र मतलब गंगा की धरती, पवित्र गंगा का साम्राज्य। मेगास्थनीज के अनुसार इस साम्राज्य का रक्षक गांगेय था। भागीरथी के पूर्वी किनारे के प्रसिद्ध बन्दरगाह को आज गंगासागर के नाम से जानते हैं। मेगास्थनीज के पहले यूनानी यात्री पेरिक्लिज ने भारत के सबसे बड़े साम्राज्य होने की पुष्टि की थी। उसके बाद सोलहवीं सदी में बौद्ध धर्म ने भी अपना क़दम रखा था। पुरातत्ववेत्ताओं ने मौर्य शासक पाल सेन के काल का सिक्का तो सूर्य और मातृ देवी की मूर्तियाँ भी बागमरा फॉरेस्ट ब्लॉक से प्राप्त की। चाँद सदागर ने इस शहर को बसाया था। सुन्दरबन कुषाण, मौर्य, गुप्त, सेन आदि वंशजों के शासन से गौरवान्वित है। सुन्दरबन की यह धरती कला और संस्कृति में समृद्ध इतिहास लिए हुए है। वेद, उपनिषद्, महाभारत आदि में वर्णित यह क्षेत्र पाल वंश के प्रसिद्ध राजा धर्मपाल का राज्य रहा है। भूईया, मुगल और पठानों के समय खेती और अपनी मिट्टी के बर्तन बनाने के सुनहरे पल को जीया है। सुन्दरबन का इतिहास गांगेय के शासन काल 300 ई.पू. से ही है।[47] सुन्दरबन को 1878 ई. में ब्रिटिश शासन ने 'प्रोटेक्टेड फॉरेस्ट' बनाया, बाद में इसे 'रिजर्व फॉरेस्ट' का दर्ज़ा दे दिया गया।

'रॉयल बंगाल टाइगर' की भूमि

भारतीय उपमहाद्वीप में पाये जाने वाले बाघ की उप-प्रजाति को रॉयल बंगाल टाइगर कहते हैं। इस क्षेत्र के निवासी मानते हैं कि सुन्दरबन के बाघ ही असली रॉयल बंगाल टाइगर है। यह उनके लिए गर्व का विषय है। यह बाघों के संरक्षण के लिए अत्यन्त महत्त्वपूर्ण जगह है, क्योंकि विश्व में यह एक अकेला मैन्ग्रोव वन है जहाँ बाघ पाये जाते हैं। इसी अनूठे कारण से सुन्दरबन को प्रोजेक्ट टाइगर के शुरुआती नौ टाइगर रिजर्वों में स्थान मिल गया और 1973 ई. में 2585 वर्ग कि.मी. वनक्षेत्र को सुन्दरबन टाइगर रिजर्व बनाया गया। सुन्दरबन के कुल वन–क्षेत्रफल के 60% को बाघों के लिए संरक्षित कर दिया गया।

---

47. http://sundarbanforest.com/history-of-sundarban/

आधिकारिक आँकड़ों के अनुसार इस क्षेत्र में 2018 ई. में क़रीब 90 बाघ थे। सुन्दरबन के 48 द्वीपों पर बाघों का आधिकारिक राज है। यह भूमि बाघों के नाम है जिससे वे इस अनूठे पारिस्थितिकीय तन्त्र को सन्तुलित रख सकें। टाइगर रिजर्व का 1330.12 वर्ग कि.मी. सुन्दरबन राष्ट्रीय उद्यान घोषित है, जबकि 362.42 वर्ग कि.मी. का क्षेत्र सजनेखाली वाइल्डलाइफ सैंक्चुअरी, जो कि सुन्दरबन टाइगर रिजर्व का बफर जोन का हिस्सा भी है। सुन्दरबन राष्ट्रीय उद्यान को 1987 ई. में यूनेस्को द्वारा विश्व धरोहर सूची में शामिल किया गया।[48]

यहाँ के बाघ ज्वार-भाटा के साथ क्रिक/नदियों में पानी के स्तर में दिन में दो बार उतार-चढ़ाव में रहने के आदी हो चुके हैं। सुन्दरबन के बाघ भारत के अन्य क्षेत्रों में पाये जाने वाले बाघों से आकार में काफ़ी छोटे होते हैं-क़रीब आधे। सुन्दरबन के बाघ औसतन 80 कि.ग्रा. के होते हैं। भारतीय मुख्य भूमि पर पाये जाने वाले बाघों से शारीरिक संरचना और आदतों में भिन्नता होने के कारण इन्हें एक अलग प्रजाति के रूप में पहचान देने की बातें होती हैं, लेकिन हालिया आनुवंशिक अध्ययन इन कयासों पर विराम लगाते हैं और पुष्टि करते हैं कि सुन्दरबन के बाघ देश की मुख्य भूमि के बाघों से क़रीब 2000 साल पहले अलग हुए हैं।[49] इस दौरान इन बाघों ने अपने आपको सुन्दरबन में रहने के लिए अनुकूलित कर लिया है। अतः सुन्दरबन के बाघों के आकार और आदतें मुख्य तौर पर इनकी इस पारिस्थितिकी में रहने की अनुकूलता है। इस मैन्ग्रोव में बाघों के लिए मुख्य रूप से छोटे आकार के शिकार जैसे-चीतल, जंगली सूअर आदि पाये जाते हैं जो भारतीय मुख्य भूमि पर बाघों के शिकार साम्बर, नीलगाय जैसे पशु से आकार और भार में काफ़ी कम होते हैं। छोटे शिकार को मारने के लिए चूँकि बड़े शरीर की आवश्यकता नहीं है अतः प्रकृति ने बाघों के आकार पर भी लगाम लगा दी।

---

48. Annual Report 2017-18. Sundarban Tiger Reserve. Government of West Bengal. https://sundarbantigerreserve.org/str/administrator/upload/Final%20copy.pdf

49. Singh, S.K. et al. 2015. Tigers of Sundarbans in India: Is the Population a Separate Conservation Unit? PLoS ONE 10(4): e0118846. doi:10.1371/journal.pone.0118846

विविध जीवों का संसार

बंगाल की खाड़ी में प्रकृति के अमूल्य धरोहर के जादू को देखा जा सकता है। मैन्ग्रोव की पारिस्थितिकी में जल और जंगल क़रीब बराबर-बराबर हैं। जल की प्रकृति भी खारे और मीठे पानी के मिलन के कारण अनूठी है। इन कारणों से यहाँ भांति-भांति के जीवों का संसार बसा है। यहाँ 40 प्रजाति के स्तनधारी, 57 प्रजाति के सरीसृप, क़रीब तीन सौ प्रकार की रंग-बिरंगी चहचहाती चिड़ियाँ तो 8 प्रजाति के उभयचर पाये जाते हैं। यहाँ पायी जाने वाली 141 प्रजाति की मछलियों में 125 अस्थिदार तथा 16 प्रजातियाँ उपास्थिदार हैं। गांगेय डॉल्फिन और इरावदी डॉल्फिन के साथ ही साथ यहाँ ऊदबिलाव भी पाये जाते हैं।[50] सुन्दरबन में ओलिव रिड्ले, हरे समुद्री एवं हॉक्सबिल कछुओं जैसे समुद्री प्रजातियों के साथ ही साथ एक समय विलुप्त समझे जाने वाले नॉर्दर्न रिवर टेरापिन *(Batagur baska)* कछुए भी पाये जाते हैं। रिवर टेरापिन कछुओं को 1983 ई. में सुन्दरबन में पुनः पाया गया। वर्तमान में यह प्रजाति भारत में सिर्फ सुन्दरबन में ही पायी जाती है।[51] इनकी संख्या को बढ़ाने के लिए सुन्दरबन टाइगर रिजर्व और टर्टल सर्वाइवल अलायंस नाम की संस्था की ओर से एक विशेष प्रजनन एवं संरक्षण कार्यक्रम चलाया जा रहा है। इस कार्यक्रम के तहत् विशेषज्ञों की देख-रेख में इनका प्रजनन कराकर तथा बच्चों को पालकर पुनः सुन्दरबन के अधिवास में पुनर्स्थापित किया जा रहा है। उम्मीद है इससे इनकी दशा सुधरेगी। इतनी प्रजातियों से भरा-पूरा यह जंगल किसी फैंटसी से कम नहीं है। सुन्दरी वृक्षों की अधिकता में दबे हुए 350 प्रजाति के पेड़-पौधों में 24 प्रजातियाँ पूरी तौर पर मैन्ग्रोव प्रजातियाँ हैं।[52]

---

50. Mandal, A. K. and Nandi, N. C. 1989. Fauna of Sundarban Mangrove Ecosystem, West Bengal, India, Fauna of Conservation Areas 3, Zoological Survey of India, Calcutta.
51. Annual Report 2017-18. Sundarban Tiger Reserve. Government of West Bengal. https://sundarbantigerreserve.org/str/administrator/upload/Final%20copy.pdf
52. Barik, J. and Chowdhury, S. 2014. True mangrove specieas of Sundarbans Delta, West Bengal, Eastern India, Check List 10(2): 329-334.

माछ चढ़े गाछ, जड़ें ताकें आकाश

बाहरी दुनिया में असामान्य समझी जाने वाली बातें सुन्दरबन में सामान्य हैं। अधिकतर जीवन उभयचरी परिवेश में रहने के लिए अनुकूलित हो गये। यहाँ के बाघ अक्सर नदियों एवं क्रिकों को तैरकर पार करते दिखायी दे

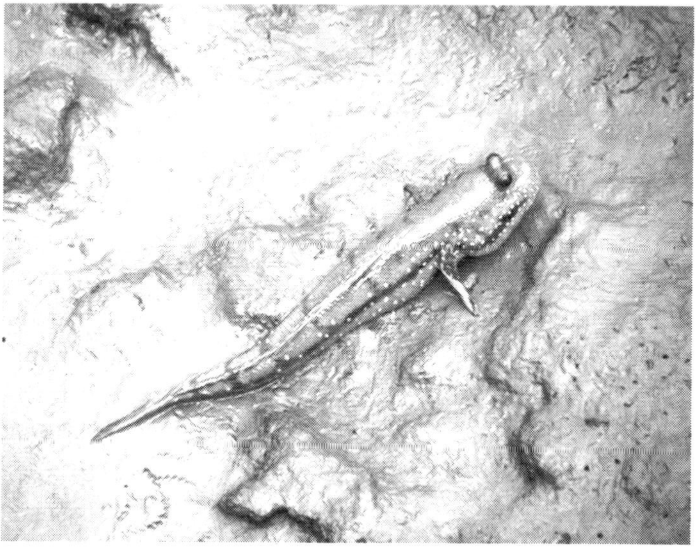

मडस्कीपर मछली

देते हैं। अगर कोई सुन्दरबन की जिन्दगी से वाक़िफ़ न हो तो उनके लिए मछलियों का ज़मीन पर चलना और पेड़ों पर चढ़ते दिखना अचरज भरा हो सकता है। पाठ्यपुस्तक के ज्ञान के अनुसार पौधों की जड़ें गुरुत्वाकर्षण की ओर बढ़ती हैं, अर्थात् ज़मीन में अन्दर की ओर, लेकिन सुन्दरबन में कई प्रजाति के पेड़ों की आसमान ताकती जड़ें प्रकृति के इस नियम को तोड़ती दिख जायेंगी। पानी के किनारे दलदल पर उछलती एवं बिलों में छुपती मडस्कीपर मछलियाँ सुन्दरबन में क़रीब सभी जगहों पर दिखायी देती हैं। प्रजनन काल में ये इतनी सक्रिय होती हैं कि न चाहते हुए भी ये दिख ही जायेंगी। अन्य मछलियों की तरह इनके भी अंश पंख (गलफड़े के पास) होते हैं। मछलियों में ये तैरने के लिए पतवार का काम करते हैं। प्रकृति ने मडस्कीपर के इस अंग को रूपान्तरित कर पैरों के जैसा इस्तेमाल करने

लायक बना दिया है। इनकी सहायता से यह दलदल के ऊपर उछलती हैं। इनके अंश पंख पतली चमड़ी से जुड़कर एक ऐसी जैव-यान्त्रिक वायु-चूषक संरचना में बदल जाते हैं जिनकी सहायता से ये मछलियाँ ज्वार में पानी बढ़ने की स्थिति में पेड़ों की टहनियों से चिपक-चिपक कर ऊपर चढ़ जाती हैं। बाघों के जैसे ही नर मडस्कीपर अपनी टेरिटरी (क्षेत्र) में अन्य नर को बर्दाश्त नहीं करते। यह प्रभुत्व कीचड़ से भोजन निकालने के लिए और मादाओं पर अधिकार के लिए होता है। यही नहीं ज्वार के कारण नदियों एवं क्रिकों में पानी अधिक होने की स्थिति में बाघ भींगने से बचने के लिए भी पेड़ों के ऊपर बैठ जाते हैं। और तो और यहाँ के बाघ अपनी ज़िन्दगी चलाने के लिए मछलियों और केकड़े भी खाते हैं।

सामान्यतया पौधों की जड़ें मिट्टी के अन्दर से हवा अवशोषित कर जीवन का काम करती हैं। मैन्ग्रोव की जल से तृप्त वायुविहीन मिट्टी में अकुलाते पेड़ों की जड़ों को वातावरण से हवा लेने ज़मीन से बाहर गुरुत्वाकर्षण के विपरीत दिशा में बढ़ना पड़ता है। इन जड़ों को न्यूमेटोफोर कहते हैं। मिट्टी के बाहर खूँटे जैसी श्वसन जड़ें निकली होती हैं। बाघ के हमले से भागता मनुष्य इन नुकीले जड़ों पर जब गिरता है तो बचना मुश्किल हो जाता है।

तीन मौसियाँ

बाघ बिल्ली परिवार का सदस्य है। सुन्दरबन में इस परिवार के तीन अन्य सदस्य पाये जाते हैं-जंगली बिल्ली, तेन्दुआ बिल्ली (जिसे चीता बिल्ली भी कहते हैं) और फिशिंग कैट। ये तीनों बाघ के मुकाबले छोटी होती हैं। इसमें कई मायनों में विशेष है फिशिंग कैट जिसे सुन्दरबन में बाघरोल या मेचोबिरल के नाम से पुकारते हैं। इसे पश्चिम बंगाल के राजकीय प्राणी का भी दर्ज़ा प्राप्त है। प्रकृति ने इस प्रजाति को सुन्दरबन जैसे जलीय माहौल में रहने के लिए इसके शरीर को उसी तरह से ढाल दिया है-इनके पैरों की अँगुलियों के बीच झिल्ली तथा माँसल पूँछ इसे एक कुशल तैराक बनाती है। ये मछलियों की माहिर शिकारी होती हैं। सुन्दरबन के गाँवों में मछली-पालन बड़े पैमाने पर किया जाता है। पोखरों की मछलियाँ इन्हें

गाँवों तक खींच लाती हैं। वैश्विक स्तर पर इनकी संख्या में गिरावट दर्ज़ की जा रही है। जंगली बिल्लियाँ घरेलू मुर्गियों के लिए गाँवों की ओर रुख़ करती हैं।

पुलिस रिकॉर्ड से बाहर मौतें

सुन्दरी के पेड़, उतरते-चढ़ते पानी और दलदलों के बीच हँसती-खिलखिलाती प्रकृति कई बार स्थानीय लोगों के लिए बुरे सपने लेकर आते हैं। ख़ासकर उनके लिए जिन्होंने अपने परिवार के किसी सदस्य को बाघों के कारण खोया है। एक किनारे खड़े होकर केकड़ा चुनती उस महिला को यह पता नहीं होता कि 'एक केकड़ा और' की लालच उसके जीवन की अन्तिम यात्रा हो जायेगी। दूसरे किनारे पर केंकड़ा चबाते बाघ को मानुष गन्ध मिलते ही उस स्त्री पर हमला कर सकता है और उसकी जीवन यात्रा वहीं समाप्त हो सकती है। सुन्दरबन बाघ और मनुष्यों के द्वन्द्व के मामले में पूरी दुनिया में पहले स्थान पर है- यहाँ औसतन प्रत्येक वर्ष क़रीब 36 लोग बाघों के शिकार बनते हैं।[53] इनमें मुख्यतः जंगल में मछली मारने, केकड़ा पकड़ने, शहद निकालने, लकड़ी काटने वाले लोग होते हैं। शहद निकालने के लिए ग्रामीण मैन्ग्रोव जंगल में दलदली ज़मीन एवं नुकीले न्यूमेटोफोर के बीच से होकर काफ़ी अन्दर तक जाना पड़ता है। इतना अन्दर कि बाघ से भेंट हो जाये। ग्रामीण स्वीकारते हैं-मोधू खोजा माने बाघ खोजा अर्थात् शहद खोजना मतलब बाघ खोजना। इन परिस्थितियों में बाघ के हमले को नकारा नहीं जा सकता।

सुन्दरबन में अधिकतर मौतें पुलिस की डायरी तक पहुँच भी नहीं पातीं। सुन्दरबन वन प्रशासन के द्वारा बफर एरिया से मछली, केकड़ा, शहद आदि लाने के लिए ग्रामीणों को परमिट दिया जाता है। सुन्दरबन के कोर क्षेत्र के लिए अनुमति का प्रावधान नहीं है, लेकिन ग़रीबी से जूझ रहे ग्रामीण अपनी आजीविका की तलाश में कोर एरिया की ओर भी रुख़ कर लेते हैं। बिना परमिट वाले ग्रामीण अगर बाघों के द्वारा मारे जाते हैं तो उनके परिजन पुलिस थाने में प्राथमिकी भी दर्ज़ नहीं कराते हैं। शायद ही ऐसे मामलों की गिनती हो पाती है।

---

53. Chakrabarty, K. 1992. Man-eating tigers, Darbari Print – Pro (P) Ltd. Calcutta.

कई बार बाघ भी गाँवों की ओर रुख़ कर लेते हैं। बाघों से बचने के लिए तमाम प्रयास किये जाते हैं-चाहे वो मुखौटों को हथियार बनाकर हो या जंगल की नायलॉन जाल से घेराई। बाघ अधिकांशतः मनुष्यों पर पीछे से हमला करते हैं। ऐसे हमले से बचने के लिए जंगल में जानेवालों को एक तरक़ीब बतायी गयी-सिर के पीछे की ओर आदमी का मुँह बना मुखौटा पहनने की। पीछे की ओर के मुखौटे से बाघ हमले करने से बचते हैं। इन मुखौटों के जरिए बाघों को बेवकूफ बनाया जाता है। नायलॉन जाल से घेराबन्दी कर भी बाघों की गाँवों की ओर आने से रोका जाता है।

बाघों को गाँव तक पहुँचाते सूअर

जंगली सूअर बाघों के प्रमुख आहारों में से एक हैं। बाघ उनके पीछे लगे रहते हैं। वन विभाग जंगल के किनारे नायलॉन के जाल लगाता है। जिसे बाघ पार नहीं कर पाते हैं, लेकिन जाल के नीचे मिट्टी खोदकर उसे भेदने की तरक़ीब सूअर जानते हैं। कभी-कभी बाघ भी इसी रास्ते जाल को पार कर जाते हैं और मानवीय आबादी में चले जाते हैं। सुन्दरबन में मानव-बाघ

क्रीक और मैन्ग्रोव वन

संघर्ष के प्रभावों को कम करने के प्रयास में लगे वाइल्डलाइफ ट्रस्ट ऑफ इंडिया के सदस्य कृष्णेन्दु बसाक एक ऐसी ही घटना का ज़िक्र करते हैं–

'बात सुन्दरबन में कुलताली गाँव की है। एक बाघ ऐसे ही सूअर द्वारा बनाए गये रास्ते से जाल पार कर गाँव में पहुँच गया और कई घण्टों तक ग्रामीणों के सामने बैठा रहा। उसने गाँव की एक गाय को अपना शिकार भी बनाया। ऐसी परिस्थिति में गाँव वाले अक्सर उत्तेजित हो जाते हैं, लेकिन, यहाँ न तो गाँव वालों नें बाघ को कोई नुक़सान पहुँचाया और न ही बाघ ने किसी मनुष्य के ऊपर हमला किया। वन कर्मियों एवं ग्रामीणों ने अगले दिन बाघ को सुरक्षित जंगल की और लौटा दिया। सुन्दरबन जैसे माहौल में यह एक मिसाल है।'

ख़तरे की सूचना देते झामती

जानवरों और वृक्षों की छाल से तन ढँकने वाले मनुष्य ने जब कपड़े से तन ढँकना शुरू किया होगा तभी उसने समुद्र के किनारे या दलदल में फँसने की स्थिति में सिग्नल देने के लिए अपने ही कपड़े को फाड़कर किसी बाँस या ऊँचे पेड़ पर फहराकर मदद की गुहार लगायी होगी। इसी से मिलती–जुलती परम्परा है सुन्दरबन में झामती लगाने की। जहाँ बाघ के हमले से किसी की जान चली जाती है उस जगह पर लोगों को बाघ के ख़तरे से आगाह करने के लिए एक लम्बे बाँस पर झण्डा फहराते हैं, जिसे स्थानीय भाषा में झामती कहते हैं। यह एक 'वार्निंग सिस्टम' था जिसका चलन धीरे–धीरे ख़त्म होता जा रहा है और इसका स्थान संचार के नये माध्यम ले रहे हैं।

बिधोबा पाड़ा

भारतीय मान्यताओं में एक विधवा का जीवन बहुत ही दुरूह हो जाता है। बाघों के हमले में मारे गये पुरुषों की विधवाएँ सुन्दरबन के हर कोने में हैं, लेकिन, कई छोटे गाँवों या टोलों में इनकी संख्या अधिक है जिन्हें 'बिधोबा पाड़ा' कहते हैं। यहाँ मातमी सन्नाटा रहता है। इन घरों का जीवन दुःख और ग़रीबी से भरा हुआ है। एक अनुमान के मुताबिक सुन्दरबन में इस प्रकार की क़रीब 3000 विधवाएँ अपनी ग़रीबी, मानसिक पीड़ा और

अकेलेपन से जूझ रहीं हैं। जब ग्रामीणों द्वारा 'बफर एरिया' और 'कोर एरिया' की बन्दिशें अज्ञानता या लोभवश तोड़ी जाती हैं तब ग्रामीण बाघ या अन्य वन्य-प्राणियों से मौत का शिकार होते हैं। दूसरी तरफ़ सरकार की उदासीनता की वजह से उनके परिवार को किसी भी प्रकार की सरकारी सहायता हाथ नहीं लगती है। मनुष्यों के लिए सुन्दरबन प्रबन्धन ने सीमाएँ तय कर दी हैं। इसका यह मतलब नहीं कि बाघों को बफर क्षेत्र में आने की मनाही है। नाव पर मछली मारने गया व्यक्ति या शहद की तलाश में गया व्यक्ति आज लौट कर आयेगा या नहीं, यह उनके परिवार या बाल-बच्चों के भाग्य पर निर्भर करता है। बंगाल में कहीं जानेवाले यह कहते हैं कि लौटकर आता हूँ। शायद इन बंगालियों के लिए आता हूँ कहना बहुत ही भारी पड़ जाता है। यहाँ की औरतें रोज़ खुद को सुहागन बनाती हैं। इनके पति जब जंगल के अन्दर जाते हैं तो सुहाग चिन्हों को थोड़ी मलिन की हुई उस स्त्री को अपने पति का इन्तज़ार होता है। भयभीत औरत अपने सुहाग के घर वापसी पर सिन्दूर लगाती है। अपने और बच्चों के लालन-पालन के लिए एक विधवा स्त्री सरकारी मुआवज़े की ताक में केकड़े और झींगा चुनने में जीवन का महत्त्वपूर्ण हिस्सा खो देती है और कई बार खुद भी बाघों का ग्रास बन जाती है। सुन्दरबन के आस-पास के गाँवों में कई परिवार ऐसे हैं जिनके घर में तीन पुश्त से लगातार पुरुष मारे जा रहे हैं। हालाँकि कई एनजीओ और सरकार ने पुनर्वास के कई कार्य शुरू किये हैं, लेकिन घोर अँधेरे और दलदल में यह मात्र छोटी-सी किरण है।

जनजीवन

सुन्दरबन भी आदिम जनजातियों की महक से सुवासित है। लोगों का मानना है कि तीन सौ वर्ष पूर्व बांग्लादेश से आये मुण्डा जनजातियों का यहाँ वास है। ये मुख्य रूप से खुलना, जैसोर और श्यामनगर में पाये जाते हैं। आस-पास की सभ्यता संस्कृति को रचाने-बसाने के बावजूद मुण्डा अपनी प्राचीन शैली की धुकधुकी को बचाये हुए हैं। झारखण्ड या देश के अन्य आदिवासियों की तरह सरना स्थल, टोटम जैसी परम्पराओं को ये भी मानते हैं। शिव, सूर्य और सिंगबोंगा को प्रमुख देवता मानते हैं।

कुछ अपनी सुन्दरी वृक्ष से उत्पत्ति मानते हैं तो कुछ अपने को बाघ का वंशज मानते हैं। डलिया और टोकरी बुनने में माहिर यह जाति मछलियों को पकड़ने के साथ शहद और केकड़े पर निर्भर हैं। हड़िया पीनेवाली यह जनजाति साँप, मेंढक, चूहे आदि भी खाती है। इनकी भाषा नागुरी है जो बांग्ला, हिन्दी और फ़ारसी का मिश्रण है। उनके नृत्य को नूपुर कहते हैं जिसमें स्त्री और पुरुष पाज़ेब पहनते हैं। इनके नृत्य में दैनिक जीवन के खेती, विवाह और जन्म सम्बन्धी बातों का समावेश होता है। मुण्डा समुदाय सुन्दरबन के जनजीवन से जुड़ा हुआ है, लेकिन आधुनिकता ने संस्कृति को कहीं-न-कहीं छुआ है।

बोनबीबी के हाथों में समर्पित जीवन

भय से बड़ी भूख होती है। जीवनयापन के संसाधनों को प्राप्त करने के लिए जब आपको एक ज्ञात भय को पार करना होता हो तब लगभग उसी समय एक अज्ञात की छवि आपके मन-मस्तिष्क में अंकित हो जाती है। मछुआरे, लकड़हारे और शहद जमा करनेवालों की देवी वही अज्ञात हैं जिसे बोनबीबी यानी जंगल की देवी कहते हैं। जंगल में जगह-जगह इस देवी की मूर्ति स्थापित है। जंगल में घुसने के पहले सही सलामत वापसी की कामना करते हैं। हिन्दू और मुसलमान दोनों की बराबर आस्था इस देवी पर रहती है। बोनबीबी पर आस्था की शुरुआत 16 वीं सदी के अन्त में शुरू हुई। बोनबीबी की मूर्ति के साथ बाघ के रूप में दक्खिन राय एवं उसके मित्र बाबा बरखान गाजी को प्रतिबिम्बित करती तीन पीढ़ियाँ भी रहती हैं। इसके पीछे एक कहानी है। बोनबीबी जहाँ मनुष्यों की रक्षक थी, दक्खिन राय राक्षसी प्रवृति का, जो जंगल को इस्तेमाल करने वाले लोगों को बाघ का रूप धारण कर मारता था, ताकि जंगल बचे रहें। दक्खिन राय जंगल एवं उसके वासिन्दों के अधिकारों का संरक्षक था और उसके अनुसार अगर लोगों को खुली छूट दे दी जाये तो जंगल ही समाप्त हो जाये। एक घटना के बाद बरखान गाजी के बीच-बचाव के बाद दक्खिन राय ने बोनबीबी को माँ मान लिया। बोनबीबी ने दक्खिन राय और ग्रामीणों को सहअस्तित्व को आधार मानकर शान्तिपूर्ण तरीक़े से रहने पर सहमति बनवायी। जंगल को ग़रीबों की आजीविका का आधार मानकर ज़रूरत से ज़्यादा दोहन की अनुमति नहीं दी गयी। सक्षम लोगों को ज़रूरतमन्दों की

आवश्यकताओं का सम्मान देना था। वास्तव में बोनबीबी ने मानव और गैर-मानव प्राणियों के बीच एक समझौता कराया। सुन्दरबन वासियों की मान्यता है कि बोनबीबी ने उन्हें सिर्फ पवित्र मन और खाली हाथ जंगल में जाने की अनुमति दी है। इस पूरे प्रकरण को संरक्षण के चश्मे से देखें तो यह प्राकृतिक संसाधनों का बुद्धिमत्ता पूर्ण उपयोग है। जिसमें सभी के अधिकारों को सुप्रवाही बनाया गया था। आज भी शहद निकालने से पहले गाँववाले दक्खिन राय भजते हैं। पर्यटकों को बोनबीबी जात्रा देखने को मिलता है। जात्रा एक पारम्परिक थिएटर या लोक नाट्य शैली है। इस जात्रा में एक खुले रंगमंच पर बोनबीबी, बाघों के स्वामी दक्खिन राय, जंगल के देवी-देवता, मछुआरों, लकड़हारों और शहद इकट्ठा करनेवालों की दिलचस्प कहानियाँ प्रस्तुत की जाती हैं।[54] इस जात्रा के द्वारा अपने कठिन जीवन को स्थानीय नृत्य और संगीत से घोलने की कोशिश की जाती है।

केनिंग और गोसाबा

भारत के वायसराय लॉर्ड केनिंग ने केनिंग नाम के इस छोटे से शहर में रहकर अपनी मिल्कियत चलायी थी। केनिंग हाल्ट सियाल्दह-केनिंग लाइन का टर्मिनल स्टेशन है। इसे 'गेट वे ऑफ सुन्दरबन' भी कहते हैं। चौबीस परगना ज़िले का यह शहर अंग्रेज़ों की समृद्ध सत्ता की याद दिलाता है। केनिंग पैलेस के खण्डहरों में भारतीय शासकों की सिसकियाँ क़ैद हैं। अंग्रेज़ों ने अपने शासन के दौरान 1862 ई. में ही केनिंग को रेलवे स्टेशन दे दिया था।[55] सुन्दरबन मेला और सुन्दरबन महोत्सव का आयोजन केनिंग शहर में ही होता है। यहाँ की लिपी-पुती झोपड़ियाँ भारत के गाँवों की झलकियाँ प्रस्तुत करती हैं। जूलोजिकल सर्वे ऑफ इंडिया की एक शाखा भी यहाँ स्थित है। मटला नदी के तट पर स्थित यह शहर अपने पूर्वजों की विरासत के साथ प्रकृति की अमूल्य धरोहर को समेटे हुए है।

---

54. https://ruralindiaonline.org/articles/land-of-eighteen-tides-and-one-goddess

55. https://artsandculture.google.com/exhibit/a-history-of-indian-railways-national-rail-museum/TwJi7RwiKiTtKg?hl=en

केनिंग सब-डिविजन में ही है गोसाबा द्वीप। माटला और जिल्ली नदियों से घिरा यह सुन्दरबन के प्रमुख द्वीपों में से एक है। जो टाइगर रिजर्व से बिलकुल पास में है और सुन्दरबन के जंगल शुरू होने के पहले एक मुख्य मानवीय आबादी क्षेत्र भी। कहते हैं गोसाबा के तीन शब्द तीन अलग-अलग वन्य प्राणियों को इंगित करते हैं जो यहाँ काफ़ी सामान्य हैं-'गो' अर्थात् गोसाप (मॉनिटर छिपकलियों का बांग्ला नाम), 'सा' अर्थात् साँप और 'बा' अर्थात् बाघ।

पर्यटन से उजड़े परिन्दों के आशियाना

गोसाबा द्वीप का ही हिस्सा है पाखिरालय-पाखी अर्थात् पक्षी और आलय मतलब घर। एक समय यह क्षेत्र पक्षियों के कोलाहल से गुन्जायमान रहता था। यहाँ पक्षियों के बड़े-बड़े झुण्ड दिखायी देते थे। उनमें से कईयों के लिए यह प्रजनन स्थान भी था। अब यहाँ वो बात नहीं रही। पर्यटन बढ़ने के कारण यहाँ इनके अधिवास से भयंकर छेड़छाड़ हुई। नतीजतन, इनकी संख्या में काफ़ी गिरावट हुई है। अब इनके बड़े झुण्ड कुछेक जगहों तक ही सीमित रह गये हैं। अब इस जगह का नाम केवल बीते समय का प्रतीक मात्र है।

लीलने को तैयार जलवायु परिवर्तन

जलवायु परिवर्तन के कारण जल-स्तर बढ़ने से सुन्दरबन के चार द्वीप समुद्र में समा गये हैं। शोध बताते हैं कि वर्ष 1980-2009 ई. के बीच सुन्दरबन के पानी के तापमान में प्रति दशक 0.5 डिग्री सेल्सियस की दर से बढ़ोतरी हुई है जबकि वैश्विक तापमान में सिर्फ 0.06 डिग्री। शोध पत्रों के अनुसार पिछले पच्चीस वर्षों में सुन्दरबन के जलस्तर में बढ़ोतरी की दर दोगुनी हुई है।[56] न्यू-मूरद्वीप भारत और बांग्लादेश के बीच एक झगड़े का कारण बना जहाँ मालिकाना हक के लिए भारत ने अपना जहाज़ भी भेज दिया था। फिर एक दिन ऐसा आया कि बिना किसी शोर-शराबे के

56. CSE. 2012. Living with changing climate impact, vulnerability and adaptation challenges in Indian Sundarbans, Centre for Sceince and Environment, New Delhi.

यह द्वीप पूरी तरह समुद्र में समा गया। अभी घोड़ामरा द्वीप भी धीरे-धीरे समुद्र में समाता जा रहा है। रिहायशी इलाक़ों में भी लोगों की खेती लायक ज़मीन पानी में समाती जा रहीं है। इसे वेटलैंड संरक्षण के लिए रामसर साइट का दर्ज़ा भी दिया गया।[57] एक तरफ़ जलवायु परिवर्तन के कारण जलस्तर में वृद्धि तो दूसरी तरफ़ सुन्दरी वृक्षों की अवैध कटाई पूरे सुन्दरबन के अस्तित्व पर सवाल खड़ा कर रहा है। चक्रवातीय तूफानों की आवृति भी बढ़ी है जिससे यहाँ जन-जीवन की हानि के साथ ही साथ प्रकृति में बदलाव भी दृष्टिगत हैं। नदियों में प्रवाह की कमी, वर्षापात में कमी तथा चक्रवाती तूफ़ानों के कारण सुन्दरबन में मीठे जल के मुकाबले समुद्र के खारे जल का अनुपात बढ़ रहा है जो कृषि, पीने के पानी और जीव-जन्तुओं के लिए नुक़सानदायक है। आईला चक्रवात के बाद 1.5 मी. की गहराई तक मिट्टी खारा हो गयी, जो कृषि के लिए नुक़सानदेह है। कुछ शोध ार्थियों के अनुसार अगर जलवायु परिवर्तन के लिए गम्भीर और प्रभावी क़दम नहीं उठाए गये तो सुन्दरबन के अस्तित्व पर प्रश्नचिह्न लग जायेगा।

57. https://rsis.ramsar.org/ris/2370

'टौर' और चौर : कॉर्बेट की शान

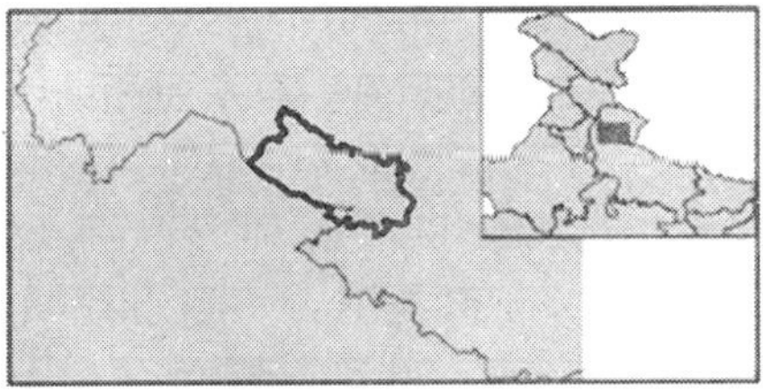

बाघों का ज़िक्र हो और कॉर्बेट टाइगर रिजर्व की बात न हो तो सारी बातें अधूरी रह जाती हैं। यह हेली नेशनल पार्क के नाम से भारतीय उपमहाद्वीप के पहले नेशनल पार्क के रूप में 1936 ई. में शुरू हुआ। इस क्षेत्र के संरक्षण की कहानी को वस्तुतः पहचान मिली जिम कार्बेट के शिकारी से संरक्षक बनने की यात्रा से। हमारी पीढ़ी को बाघ के बारे में सबसे पहले कॉर्बेट साहब की पुस्तकों ने ही बताया। उनकी लिखित किताबें छोटी जगहों के पुस्तकालयों में भी उपलब्ध थीं। जिम कॉर्बेट मतलब वह इन्सान, जिसने शिकार से संरक्षण तक की यात्रा की; आदमखोर बाघों और तेन्दुओं के व्यवहार को न सिर्फ समझने की कोशिश की बल्कि अपने शिकार के अनुभवों को पन्नों में समेटते गये जो अगली पीढ़ी के लिए इन जानवरों के संरक्षण में दिलचस्पी बढ़ाई और संरक्षण के क...ख...ग...को समझाया।

मार्टिन बूथ ने उनकी आत्मकथा 'कारपेट साहिबः अ लाइफ ऑफ जिम कॉर्बेट' में लिखा कि– 'तराई के जिन जंगलों में जिम ने बाघों को स्वतन्त्र रूप से घूमते और चीतलों की मुक्त चंचलता को देखा वहाँ अब जंगलों को काटकर खेतों में तब्दील किया जा रहा था, गाय-बैल घूमते जंगल के रास्ते मोटर गाड़ियों के लिए चौड़े कर दिये गये और कुछ को पक्का कर दिया गया। जिम जंगलों में बदलाव का यह रूप देखकर परेशान थे।' जिम कॉर्बेट बाघों को 'बड़े दिल वाला सज्जन' कहते थे।

वो कहते थे– 'मैं उस दिन की कल्पना करता हूँ जब भारत के जंगलों में ये शानदार जानवर नहीं रहेगा और सच में वह दुर्भाग्यपूर्ण दिन अधिक दूर नहीं है। यदि इस देश के लोग उसके साथ न आ खड़े हुए तब उस दिन ये देश कितना ग़रीब हो जायेगा।'

कॉर्बेट के जंगलों एवं बाघों के संरक्षण के लिए ब्रिटिश इंडिया के यूनाइटेड प्रोविंस (वर्तमान उत्तर प्रदेश और उत्तराखण्ड के अंश) के तत्कालीन गवर्नर सर विलियम मैल्कम हेली द्वारा पहला क़दम उठाया गया। उन्होंने इसे नेशनल पार्क बनाये जाने की वकालत की। अक्टूबर 1934 ई. में क़रीब 200 वर्गमील क्षेत्र को 'गेम सैंक्चुअरी' बनाकर शासकीय आदेश के द्वारा इस क्षेत्र में शिकार पर प्रतिबन्ध लगा दिया गया।[58] इसके बाद अफ्रीका के क्रूगर नेशनल पार्क की तर्ज पर इस क्षेत्र को नेशनल पार्क घोषित करने के लिए फरवरी 1935 ई. में विधान परिषद बिल पास कर इसे 'हेली नेशनल पार्क' का नाम दिया। अगस्त 1936 ई. में 125 वर्ग कि.मी. को नेशनल पार्क के रूप में अधिसूचित कर दिया गया।

कॉर्बेट के ढिकाला चौर में हाथी

58. Tiger Conservation Plan, Core Zone, Corbett Tiger Reserve, Uttarkhand Forest Department.

शुरुआती दिनों में इसके प्रबन्धन में जिम कॉर्बेट और ब्रिटिश वनाधिकारी एफ.डब्ल्यू. चैम्पियन की महती भूमिका रही। चैम्पियन को एक कुशल वाइल्डलाइफ फ़ोटोग्राफ़र के रूप में भी जाना जाता है। इन्होंने 1950 ई. के दशक में कॉर्बेट में 'ट्रिप-वायर' कैमरों एवं फ्लैश लाइट से रात में बाघ एवं वन्यजीवों के फ़ोटो खींचने का अभिनव प्रयोग किया था। एक प्रकार से आजकल इस्तेमाल में कैमरा-ट्रैप की तकनीक इसी का उन्नत स्वरुप है।

यह नेशनल पार्क हरियाली से आच्छादित वही भू-भाग है जिसने 1973 ई. में प्रोजेक्ट टाइगर की शुरुआत के समय संरक्षण के बीज को अँकुरित होते देखा। कॉर्बेट देश के प्रोजेक्ट टाइगर के शुरुआती नौ टाइगर रिजर्वों में से एक है।

हेली नेशनल पार्क से पहले

अपनी प्रकृति एवं ख़ूबसूरत वादियों के लिए प्रसिद्ध यह क्षेत्र नेशनल पार्क बनने के पूर्व टिहरी गढ़वाल रियासत का हिस्सा था। शुरू में यह ख़ूबसूरत और घना जंगल रोहिला आक्रमणकारियों के छुपने की जगह थी। रोहिला पश्तून वंश से जुड़े हुए थे।[59] भारत में उत्तर प्रदेश और उत्तराखण्ड के भागों में पाये जाते थे। इस भाग को रोहिलखण्ड के नाम से भी जाना जाता था। इनकी गतिविधियों को सीमित करने के लिए मध्य प्रोविंस के वन विभाग ने जंगलों को काफ़ी काटा-छाँटा। टिहरी के राजा ने अंग्रेज़ों से हाथ मिलाया, अपने राज्य-क्षेत्र से गोरखाओं को भगाने में अंग्रेज़ों से मदद ली फिर उसके एवज़ में जंगल का एक हिस्सा अंग्रेज़ों को दे दिया। बाद के वर्षों में बक्सा जनजाति के लोगों ने इस भूमि पर खेती शुरू की, लेकिन ब्रिटिश सत्ता के जागते ही बक्सा लोगों को वहाँ से निकाला गया।[60] शुरू में बाघों और मनुष्यों के बीच की लड़ाइयों से लोगों के मन में बाघों के प्रति भय और घृणा का भाव था। इस भू-भाग को संरक्षित करने का बीज मेजर रामसे ने बोया। 1868 ई. में ब्रिटिश फॉरेस्ट डिपार्टमेंट की स्थापना के बाद जंगल की रक्षा के लिए क़ानून बने। 1879 ई. में इसे रिजर्व फॉरेस्ट

---

59. Gommans, Jos J.L. 1995. The Rise of the Indo-Afghan Empire: C. 1710-1780. BRILL. p. 219. ISBN 9004101098.

60. https://joshuaproject.net/people_groups/16500/IN

बनाकर लोगों की गतिविधियों को सीमित किया गया। बाद में प्रकृति के प्रति संवेदनशीलता ने 1936 ई. में लुप्तप्राय बाघों के संरक्षण के लिए हेली नेशनल की स्थापना की गयी। जो भारत का ही नहीं एशिया का पहला नेशनल पार्क था। इस पार्क में उस समय शिकार प्रतिबन्धित था।

कॉर्बेट टाइगर रिजर्व

कॉर्बेट टाइगर रिजर्व हिमालय की तराई में उत्तराखण्ड राज्य के पौड़ी, अल्मोड़ा और नैनीताल जिलों के 1288.31 वर्ग कि.मी. क्षेत्र में फैला है। जिसमें 821.99 वर्ग कि.मी. कोर एवं शेष बफर क्षेत्र है। कोर क्षेत्र में कॉर्बेट नेशनल पार्क (520.82 वर्ग कि.मी.) और सोना नदी सैंक्चुअरी (301.17 वर्ग कि.मी.) हैं जबकि बफर में इससे सटे उत्तर प्रदेश के बिजनौर ज़िले

कॉर्बेट के जंगल

में 80.6 वर्ग कि.मी. में फैले जंगल को 2012 ई. में अमानगढ़ टाइगर रिजर्व के रूप में अधिसूचित किया गया। यह भी कॉर्बेट के बफर का हिस्सा है। उत्तर प्रदेश के नजीबाबाद वन प्रभाग का 71.6 वर्ग कि.मी. क्षेत्र भी कॉर्बेट के बफर का अंश है। रामगंगा नदी अगर कॉर्बेट की जीवन रेखा है तो इसके पूर्वी किनारे से बहती कोसी नदी पर्यटकों का आकर्षण।

रामगंगा नदी के नाम पर 1954–55 ई. में नेशनल पार्क का नाम रामगंगा नेशनल पार्क रखा गया था। लेकिन एक साल के अन्दर ही जिम कॉर्बेट के सम्मान में इसका नाम बदलकर कॉर्बेट नेशनल पार्क कर दिया गया। मन्दाल और प्लेन रामगंगा की सहायक नदियाँ हैं। कोसी नदी के किनारे कई पर्यटक रिसार्ट बने हुए हैं। पिछले दशक में इनकी संख्या में बेतहाशा वृद्धि हुई। शोर-शराबे और गाड़ियों के आवागमन से नैसर्गिक शान्ति यहाँ से खिसकती ही चली है। मोहान और ढिकुली के बीच कुछ गलियारे हैं जिनसे होकर बाघों का आस-पास के वनों में आना जाना लगा होता है, लेकिन, फैलते गाँवों और अतिक्रमण के कारण इन गलियारों पर प्रतिकूल प्रभाव पड़ा है।

सुनहरी मछली

'टौर पुटीटोरा' यानी गोल्डन महासीर या हिमालयी महासीर देश में मिलने वाली बड़ी आकार की मछलियों में प्रमुख हैं।[61] सुनहरे रंग की यह मछली हिमालय के तलहटी की नदियों में मिलने वाली मछलियों की रानी है। लम्बाई में क़रीब पौने तीन मीटर तथा वजन में 50 कि.ग्रा. तक होने वाली यह मछली शौकिया तौर पर बन्सी से मछली मारनेवाले लोगों के बीच काफ़ी प्रचलित है। यह मछली रामगंगा एवं कोसी नदियों की शान है। ऐसा मानना है कि इसका नाम 'महा' और 'शेर' के मिलन से बना है अर्थात् यह इसे नदियों के 'शेर' (उत्तर-पश्चिमी भारत में बाघ को शेर कहने का भी प्रचलन है) का दर्ज़ा प्राप्त है। एक समय पर बहुतायत में मिलने वाली इसकी संख्या में भारी गिरावट के कारण आईयूसीएन ने इसे संकटग्रस्त जीवों की श्रेणी में डाल दिया है। यह मछली प्रवासी जीवन जीती है। बरसात में मुख्य नदी से चढ़कर ऊपर की छोटी-छोटी धाराओं में जाकर अण्डे देती हैं। फिर वापस नीचे धार में आकर कई प्रतिकूल परिस्थितियों से जूझती हुई ठण्डी तेज़ धार वाली नदियों और गहरे जलाशयों में अपने अस्तित्व को क़ायम रखने की लड़ाई लड़ रही है।

61. Bhatt, J. P. and Pandit, M. K. 2016.Endangered Golden mahseer *Tor putitora* Hamilton: a review of natural history, Reviews in Fish Biology and Fisheries, 26, 25–38.

अत्यधिक शिकार, नदियों एवं जलाशयों में गाद एवं प्रदूषण, पानी की कमी, मछली मारने में विस्फोटकों का इस्तेमाल आदि कई थपेड़ों को झेलती इस प्रजाति की सुध लेते हुए उत्तराखण्ड शासन ने इसके संरक्षण की क़वायद शुरू कर दी है। अब जंगल एवं टाइगर रिजर्व के अन्दर नदियों में इसके शिकार पर पाबन्दी लगा दी गयी है। इस दिशा में कॉर्बेट एवं आस-पास के वन-क्षेत्रों की इस 'टौर' मछली के संरक्षण में महती भूमिका रहेगी। आम-जनों के बीच जागरूकता के लिए संरक्षणकर्ताओं के द्वारा 'मीठे जल की राष्ट्रीय मछली' का दर्ज़ा देने की भी माँग उठती रही है।

लैंड ऑफ रोर, ट्रम्पेट एंड सॉन्ग

बाघों की दहाड़, हाथियों की चिघाड़ और सैकड़ों पक्षियों की सुरीली तान से गुन्जायमान कॉर्बेट टाइगर रिजर्व हिमालय की तराई में सबसे महत्त्वपूर्ण जैव-विविधता क्षेत्र है। कॉर्बेट टाइगर रिजर्व बाघों के मामले में काफ़ी धनी है। हालिया आँकड़े बताते हैं कि यहाँ प्रति 100 वर्ग कि.मी. 14 बाघ रहते हैं, जो बाघों के घनत्व के हिसाब से देश में सबसे अधिक हैं।[62] बाघों के लिए प्रसिद्ध यह क्षेत्र क़रीब 1000 हाथियों का पनाहगाह है।[63] कॉर्बेट में भरपूर पारिस्थितिक विभिन्नताएँ पायी जाती हैं जैसे नदी-नाले, जलाशय, पहाड़, घास के मैदान, घने वन। इस कारण यह पक्षियों का अप्रतिम संसार है। यहाँ क़रीब 550 प्रजाति के पक्षी पाये जाते हैं। कोसी नदी के गोल-गोल पत्थरों एवं रेतयुक्त किनारों पर लम्बी और नीचे की ओर मुड़े चोंच वाले आइबिस बिल पक्षी को पत्थरों में छिपे कीड़े-मकोड़ों की खोज करते देखना जितना सुखद होता है; उतना ही अविस्मरणीय होता है लम्बी

---

62. Jhala, Y.V., Qureshi, Q. and Nayak, A.K. (eds) 2020. Status of tigers, copredators and prey in India, 2018. National Tiger Conservation Authority, Government of India, New Delhi, and Wildlife Institute of India, Dehradun.

63. Project Elephant. 2017. Synchronized Elephant Population Estimation India 2017, Project Elephant Division, Minsitry of Environment, Forest and Climate Change, Government of India

पूँछ वाले सफ़ेद नर एशियन पैराडाइज फ्लाईकैचर को दोपहर में जंगल के अन्दर छोटे-छोटे जल-स्त्रोतों में गोता लगाकर नहाते देखना। इस पक्षी का ज़िक्र सत्यजित राय के उपन्यास और कहानियों में भी मिलता है। यह शाह बुलबुल या दूधराज के नाम से भी पक्षी-प्रेमियों के दिलों पर राज करता है। अन्य पक्षियों में बगुले, काली गर्दन वाला स्टॉर्क, डार्टर या स्नेक बर्ड, ग्रे हेरॉन, ग्रेलैग गीज, व्हाइट-केप्ड रेडस्टार्ट, टिटिहरी, स्नाइप, ब्लैक हैडेड गल आदि के साथ यहाँ क़रीब 15 प्रकार की बत्तखें और कई प्रकार के खन्जन (wagtails) मिलते हैं। शिकारी पक्षियों में गिद्ध, बाज, चीलों की अनेक प्रजातियाँ मिलती हैं। वहीं निशाचरों में उल्लुओं और नाईटजार की भी कई प्रजातियाँ मिलती हैं।

कॉर्बेट टाइगर रिजर्व के अन्य प्रमुख वन्यजीवों में हॉग डिअर, रीछ, हिमालयी काला भालू, ऊदबिलाव, यलो- थ्रोटेड मार्टेन, हिमालयी गोराल जैसे स्तनधारियों के साथ ही साथ घड़ियाल, मगर, भारतीय अजगर, किंग कोबरा, कई प्रजाति के कछुए जैसे सरीसृप के नाम प्रमुख हैं।

सीटी मार कुत्तों एवं बारासिंघों से सूना

कुत्ते भौंकते हैं, लेकिन जंगली कुत्ते (इसे ढोल भी कहते हैं) ऐसा नहीं करते। वे सूचनाओं के आदान-प्रदान करने के लिए सीटी मारते हैं। जो कानों के लिए मधुर होता है, लेकिन कभी-कभी ये तेज़ चीख जैसी आवाज़ भी निकालते हैं; जो कर्ण कटु होता है। 5 से 10 या उससे भी ज़्यादा के समूह में रहते हुए ये अपने से कई-गुना बड़े जानवर का शिकार कर देते हैं। भोजन के दौरान समूह में पिल्लों और जवान होते सदस्यों को खाने का पहला अधिकार देते हैं, लेकिन जिन्दगी जीने में एकता की मिसाल दिखाने वाला यह जीव मानव-व्यवहार के सामने विवश है। कहीं संक्रमण से फैलने वाले बीमारियों से तो कई हिस्सों में लक्षित शिकार से अस्तित्व की लड़ाई लड़ रहे हैं। लोगों ने इस कुशल शिकारी को ही अपना शिकार बनाया। इस हद तक शिकार की गयी कि कई जगहों से इनका सफाया ही हो गया। कई रोचक जीवों को शरण देती कॉर्बेट की भूमि भी इन सीटीमार कुत्तों से सूनी हो गई। क़रीब तीन दशक पूर्व यहाँ से वन-कुत्ते स्थानीय

तौर पर विलुप्त हो गये। कॉर्बेट में बारासिंघे भी पाये जाते थे। दशकों पूर्व वे यहाँ से विलुप्त हो गये। शायद कॉर्बेट के आस-पास के क्षेत्रों के घास के मैदानों पर मानवीय उपस्थिति ने उन्हें हाशिये पर धकेला और कॉर्बेट के भीतर संरक्षित क्षेत्र में पहाड़ों से घिरे घास के मैदान इन्हें रास नहीं आये।

कॉर्बेट के चौर

कॉर्बेट के पहाड़ी भू-परिदृश्य में समतल घाटियों में विस्तृत घास के मैदान पाये जाते हैं। जिसे 'चौर' या 'चौड़' कहते हैं। ये चौर मुख्यतः वैसे स्थानों पर हैं जहाँ बहुत पहले मानवीय गतिविधियाँ थीं जैसे-गाँव, खेती आदि। बताते चलें कि कॉर्बेट के कोर क्षेत्र के क़रीब एक-चौथाई पर घास के मैदान फैले हुए हैं। कई प्रजातियों के संरक्षण एवं संवर्धन के लिए इन घास के मैदानों की यथास्थिति को बनायें रखना इसके प्रबन्धन का मुख्य उद्देश्य होता है। अन्यथा प्रकृति के नियमों का पालन करते घास के ये मैदान जंगल में परिवर्तित हो जायेंगे। कॉर्बेट में ऐसे कई चौर हैं जहाँ वन्यजीवों के साथ ही साथ पर्यटकों का भी जमावड़ा लगा रहता है। ढिकाला, फुलई, पटेरपानी, मोहनपानी, भदई, खिनानौली, बिजरानी, लोहा, कोल्हू, हल्दू जैसे चौर कॉर्बेट की जैव-विविधता को बचाये रखने में महत्त्वपूर्ण हैं। रामगंगा नदी पर कालागढ़ डैम बनने के बाद बोक्सा चौर इसके डूब क्षेत्र में चला गया। ये चौर हाथी, चीतल, हॉग डिअर जैसे शाकाहारी जीवों के लिए स्वर्ग हैं वहीं बाघों के लिए पसन्दीदा शिकारगाह। प्रजनन काल में सुबह और शाम में ये चौर काले तीतरों के किक...किक...किक...और क्वी... क्वी...क्वी की तेज़ पुकार से गुन्जित रहता है। नर तीतर द्वारा किसी टीले पर या छोटे पेड़ों पर बैठ कर लगातार आवाज़ें निकालते देखना और सुनना इन चौरों में पर्यटकों का मुख्य आकर्षण होता है। यह दृश्य हाथी या बाघ की अनुपस्थिति में ही बनता है। हालाँकि कई चौर अनेक समस्याओं से जूझ रहे हैं। पुटुस (लैंटाना), गाजर घास (पार्थेनियम), भाँग (केनाबिस), वन-तुलसी (हिप्टीस), चकौड़ (केसिया टोरा) आदि अवांछित पौधे इन घास के मैदानों पर कुदृष्टि जमाये हुए हैं। अनुमानतः कॉर्बेट की एक चौथाई भूमि पर पुटुस ने अपने पैर पसार लिए हैं। पटेरपानी चौर का नाम इसमें पायी जाने वाली ऊँची-ऊँची पटेर घास (टाइफा) के कारण पड़ा है।

एलिफैंट घास के रूप में प्रचलित यह घास अब इस चौर से रूठ रही है और स्थानीय तौर पर विलुप्ति की ओर बढ़ रही है। इस घास से उत्तर भारत में चटाई बनायी जाती है। कई चौर गाद जमा होने (सिल्टेसन) से बरबाद हो रहे हैं तो कईयों पर वृक्ष प्रजाति के वनस्पतियों का कब्जा बढ़ रहा है।

कॉर्बेट का दिल : ढिकाला

जाने-माने वाइल्डलाइफ फ़ोटोग्राफ़र और भारतीय राजस्व सेवा के सेवानिवृत्त अधिकारी विनोद गोयल पूछते हैं—क्या कोई ऐसा भी वन्यजीव प्रेमी है जिसने ढिकाला के बारे में नहीं सुना है? वे आगे कहते हैं—इसकी दिलो-दिमाग पर पड़ी छाप को कोई चाहकर भी नहीं मिटा सकता। भले ही आपको यहाँ बाघों के दर्शन हुए हों अथवा नहीं। वैसे तो कॉर्बेट के हर कोने की अपनी सुन्दरता और विशिष्टता है, लेकिन कॉर्बेट का दिल तो ढिकाला ही है। कॉर्बेट के बीचोंबीच क़रीब 10 वर्ग कि.मी. क्षेत्र में फैला हुआ है। इसका कुछ हिस्सा रामगंगा नदी पर बने कालागढ़ डैम के डूब क्षेत्र में भी है। अनेक प्रकार के वन्यजीवों से भरे पड़े तथा प्राकृतिक सुन्दरता के कारण यह क्षेत्र पर्यटकों एवं वन्यजीव प्रेमियों को दुबारा आने के लिए लालायित करता है। इस क्षेत्र को आमजन के लिए 1975 ई. में खोला गया। महत्त्वपूर्ण बात यह है कि 'प्रोजेक्ट टाइगर' की आधिकारिक शुरुआत भारतीय वन्यजीव बोर्ड के तत्कालीन अध्यक्ष और केन्द्र सरकार के पर्यटन और नागरिक उड्डयन मन्त्री डॉ. करण सिंह के द्वारा यहीं से की गयी थी। यहाँ 1890 ई. में स्थापित एक वन-विश्रामागार को 'हेरिटेज बिल्डिंग' का दर्ज़ा दे दिया गया है।[64]

ऊँचे घास के मैदान के बीचोंबीच गुज़रते वन-पथों के दोनों ओर हाथियों, चीतलों और जंगली सूअरों के साथ ही साथ पानी के किनारे बैठे मगरमच्छ और घड़ियाल को देखने का आनन्द ढिकाला के सिवाय और कहीं नहीं मिल सकता। ऐसा दृश्य ना तो कॉर्बेट के किसी अन्य भाग में ना ही देश के किसी अन्य संरक्षित क्षेत्र में है। घासों के बीच सूर्योदय और सूर्यास्त की लालिमा में भीगे हाथियों को ढिकाला के घासों को उखाड़कर उससे मिट्टी झाड़कर खाते और रामगंगा नदी में सपरिवार अठखेलियाँ

64. https://www.natureinfocus.in/guide/dhikala.

करते देखने का अनुभव अविस्मरणीय होता है। ढिकाला वन-विश्रामागार के आस-पास के चौर क्षेत्र, ठण्डी सड़क, मोटा साल, साम्बर रोड आदि पर बाघों के भी दर्शन हो जाते हैं।

ढिकाला की पारो रानी

ज़्यादातर टाइगर रिजर्वों में पर्यटक किसी ना किसी बाघ को सेलिब्रिटी बना देते हैं। कहीं-कहीं एक से ज़्यादा सेलिब्रिटी भी होती हैं। इन सेलिब्रिटियों का भी एक दौर और दायरा होता है। कॉर्बेट में बिजरानी पर्यटन जोन में 'खली' अपनी लम्बाई-चौड़ाई के लिए जाना जाता है तो 'शर्मीली' को उसके शान्त व्यवहार के लिए। ढिकाला में अगर कोई पर्यटकों के दिलों पर राज करता है तो वो है 'पारो' बाघिन। पारो को लोग पारवाली के नाम से भी जानते हैं। यह रामगंगा नदी के पार साम्बर रोड पर ज़्यादा दर्शन देती है और ढिकाला के सबसे बेहतरीन अधिवास की सम्राज्ञी है। पारो के गुस्से के बारे में लोगों को तब पता चला जब वह एक बार पर्यटकों को सैर कराते एक हाथी के ऊपर हमला कर बैठी थी। उसका हमला बाघों के व्यवहार के अनुरूप ही था। अगर आप बाघों के इतना नज़दीक चले गये कि बाघ अपने आपको असुरक्षित समझने लगे तो अपने गुस्से के इजहार के लिए आप पर दिखावटी हमला भी कर सकता है। उस दिन पारो ने सफारी वाले हाथी पर ऐसा ही हमला किया था। कभी-कभी बाघ खुद पर्यटकों की सफारी गाड़ी के बिलकुल पास भी चला जाता है। लोगों की यह आवाज़ाही उनकी आदतों में शामिल हो गयी है इस कारण बाघ बिना किसी प्रकार के डर के लोगों के पास आते हैं।

विनोद गोयल साहब पारो के बड़े फैन हैं; सोशल मीडिया की भाषा में बोलें तो 'फॉलोअर'। 2017 ई. की गर्मी में जब वे ढिकाला में सफारी कर रहे थे तो पारो और उनके बीच सिर्फ चार क़दम की दूरी रह गयी थी। दशकों से बाघों की फ़ोटोग्राफी कर रहे गोयल साहब को किसी भी बाघ को इतने नज़दीक होने का यह पहला अनुभव था। पारो ने ऐसा मजबूरी में किया क्योंकि सफारी की दो जिप्सियों के बीच इतनी जगह नहीं थी कि वो दूरी बनाकर बीच से पार कर सके। बाघ दिखाने के चक्कर में गोयल साहब के आगे वाली जिप्सी आगे नहीं बढ़ी। बाघ दिखने के बाद

पर्यटकों का ऐसा व्यवहार अक्सर दिखता है जो बाघों के लिए सही नहीं है। उस दिन क्षण भर के लिए पारो और गोयल साहब के नज़रें मिली। वो बिलकुल शान्त थी। पारो का यह व्यवहार पर्यटकों के हाथी पर हमले वाले दिन से बिलकुल उलट था। पारो की आँखों की प्रभा और संयत गोयल साहब को दुबारा 2019 ई. में कॉर्बेट खींच लायी। उन्हें पता चला था कि पारो तीन शावकों की माँ बन गयी है और 5–6 महीने के बच्चों के साथ दिखायी दे रही है। पारो अपने इन बच्चों की देखभाल बहुत ही जिम्मेवारी से कर रही थी क्योंकि वह अपने पहले दो ब्यांत के बच्चों को सफलतापूर्वक पाल नहीं पायी थी। वह अपने बच्चों को झाड़ियों में छुपाकर शिकार पर निकलती और शाम को वापस आने पर बच्चों को रामगंगा किनारे ले जाकर उनके साथ नहाती, खेलती या सफारी वाली सड़क के बीचोंबीच आकर उन्हें दुनिया दिखाती। पारो का दीवाना बनने के लिए पर्यटकों को इससे ज़्यादा और क्या चाहिए? 2019 ई. के 'पृथ्वी दिवस' के दिन यानी 22 अप्रैल को गोयल साहब के हाथ जैसे पूरी पृथ्वी जितनी खुशियाँ लग गयीं। पारो शाम को अपने बच्चों को झाड़ी से निकालकर लायी और सड़क पर बच्चों की भूख मिटाने की जिद पूरी करने लगी। पारो को बच्चों को दूध पिलाते देखना और कैमरे में सहेजे उन दृश्यों को अगली गर्मी में कोविड–19 के कारण हुए लॉकडाउन के दौरान देखकर मन बहलाने तथा कॉर्बेट को जीने का गोयल साहब के पास इससे बेहतर उपाय नहीं था। उम्मीद है अगली गर्मियों में पारो फिर से अपने और साम्भा से जन्मे शावकों से पुनः ढिकाला को आबाद करेगी।

तराई के बाघ :
दुधवा टाइगर रिजर्व

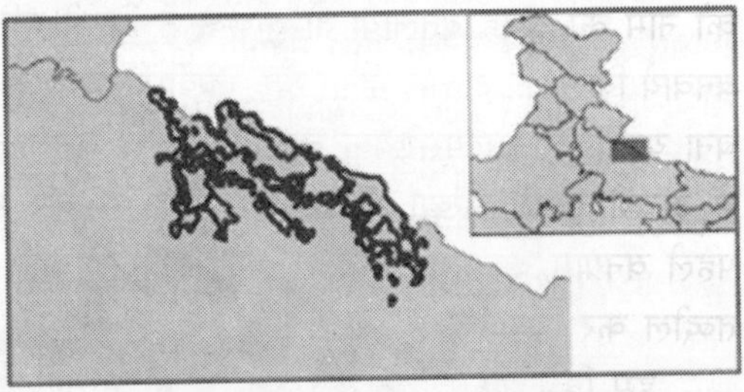

एक समय था जब हिमालय की तलहटी में ऊँची प्रजातियों वाले घासों के विस्तृत मैदान पश्चिम से पूर्व तक फैले थे। घासों की ऊँचाई इतनी की जिसमें हाथी भी खड़े-खड़े डूब जाये। धीरे-धीरे घास की यह सत्ता लगभग समाप्त होती गयी। पश्चिम में यमुना नदी से लेकर पूर्व में ब्रह्मपुत्र को जोड़ने वाला यह क्षेत्र कई अत्यन्त ही दुर्लभ वन्यजीवों का कभी निवास स्थान था। घास के मैदान के साथ जंगलों के लिए भी प्रसिद्ध था। इस सम्पूर्ण क्षेत्र को तराई के नाम से ज़्यादा जाना जाता है। समय ने जैसे-जैसे करवट ली उसके साथ ही मानव की जनसंख्या एवं ज़रूरतें बदलने लगीं। उन प्राकृतिक घासों की जगह खेतों ने ली। घासों की सफ़ाई कर उस पर पेट भरने के लिए अनाजों के साथ ही साथ व्यावसायिक फसलों ने उपजाऊ ज़मीन को घेर लिया। एक परत माटी और एक परत बालू से बनी इस धरती को ज़मीन की ऊपरी परत पर पानी का वरदान मिला है। भू-जल स्तर नज़दीक होने के साथ बरसात के दिनों में बाढ़ का भी सामना करना पड़ता है, लेकिन उपजाऊ भूमि के फ़ायदे बाढ़ के इस नुक़सान पर भारी पड़ते हैं।

घास के मैदानों का सफाया तो क़रीब-क़रीब पूरी तराई में हुआ, लेकिन जहाँ-तहाँ इनके पैबन्द बच गये हैं जो अपने अतीत के क़िस्से को कहते हैं। बचे हुए घास के मैदानों में आज वन्यजीव संरक्षित किये गये हैं। अभी भी अगर घास के मैदानों की असली छटा देखनी है तो दुधवा टाइगर रिजर्व से बेहतर और कोई जगह नहीं। यह टाइगर रिजर्व भारत के घास के मैदान में बाघों की उपस्थिति का प्रतिनिधित्व करता है। उत्तराखण्ड और उत्तर प्रदेश बँटवारे के बाद उत्तर प्रदेश के हिस्से आया एकमात्र नेशनल पार्क इस टाइगर रिजर्व का दिल है। यह नेशनल पार्क उत्तर प्रदेश के सबसे बड़े ज़िले यानी लखीमपुर-खीरी में स्थित है। खीरी लखीमपुर से थोड़ी दूर पर है। कुछ लोगों ने खैर के वृक्षों की अधिकता को नाम का वजह बतलाया तो कुछेक ने किसी मुस्लिम शासक के द्वारा बनवाये किले को आधार माना। खैर, लखीमपुर और खीरी दोनों को मिलाकर बना यह ज़िला अल्पसंख्यक बहुल है। थारू जनजाति के लोग भी दुधवा में अच्छी ख़ासी संख्या में बसे हैं। जंगल में बसे थारुओं के गाँवों को पहले वनग्राम का दर्ज़ा प्राप्त था पर अब अधिकतर गाँव राजस्व ग्राम में तब्दील कर दिये गये हैं।

इस त्रिभुजाकार ज़िले को उत्तर में मोहन नदी नेपाल से अलग करती है तो कौड़ियाला नदी पूर्व में बहराइच ज़िले से अलग करती है। दुधवा नेशनल पार्क और आस-पास के अन्य संरक्षित एवं वन क्षेत्रों को मिलाकर बना दुधवा टाइगर रिजर्व वर्तमान में लखीमपुर खीरी, शाहजहाँपुर, बहराइच और पीलीभीत ज़िले में फैला है। टाइगर रिजर्व के कुल 2201.07 वर्ग कि.मी. क्षेत्र में 1093.79 वर्ग कि.मी. कोर और 1107.98 वर्ग कि.मी. बफर क्षेत्र है। दुधवा टाइगर रिजर्व में दुधवा नेशनल पार्क, किशनपुर एवं कतर्निया घाट सैंक्चुअरी तथा उत्तर एवं दक्षिण खीरी तथा शाहजहाँपुर के आरक्षित वन शामिल हैं।

वन-टापुओं का बनना

आज भी मानव-बाघ संघर्षों से चर्चा में रहनेवाला यह क्षेत्र भारत की आज़ादी के बाद का वह हिस्सा है जिसे लोगों ने अपनी-अपनी क्षमता के अनुसार घास के मैदानों को अपने क़ब्ज़े में लेना शुरू किया।

यह कब्ज़ा अपनी खुशी से नहीं था। इस उदीयमान बसाहट में छुपा था देश के विभाजन का दंश। बड़ी संख्या में सिक्खों ने पलायन कर एक नये माहौल में नयी भूमि की खोज कर जीने की राह बनाने की कोशिश की। जाने या अनजाने में अंग्रेज़ों के जमाने से ही इस भाग को लोगों ने प्राकृतिक वनों एवं वनस्पति बहुल क्षेत्रों को घेरकर धान और गन्ने की फसल को उगाना शुरू किया। तभी भूदान आन्दोलन की ज़मीन पर बसाये लोगों ने घास के मैदानों को गन्ने के खेत में बदल दिया। वनों की अन्धाधुन्ध कटाई कर खेत बनाए गये। ज़मीन समतल होने के कारण आसानी से खेतों में तब्दील हो गये। घास के मैदानों एवं वनों के सफाये के कारण यह क्षेत्र एक वन-टापू में बदल चुका था। नक़्शे या गूगल अर्थ के उपग्रही चित्रों को देखने पर साफ़-साफ़ झलकेगा कि टाइगर रिजर्व के तीन अंग दुधवा नेशनल पार्क, किशनपुर सैंक्चुअरी एवं कतर्नियाघाट सैंक्चुअरी कृषि बाहुल्य भू-भाग से कैसे जुड़े हुए हैं। वन्यजीवों को अगर इन वन-टापुओं के बीच रिश्तेदारी निभाने के लिए भी जाना हो तो उन्हें धड़धड़ाते ट्रैक्टरों और मानवीय कोलाहल के बीच से जाना पड़ेगा। यही नहीं यहाँ से इमारती लकड़ियों की ढुलाई करने के लिए रेल पटरियाँ बिछाई गयीं जो वर्तमान दुधवा टाइगर रिजर्व के भीतर क़रीब 100 कि.मी. लम्बाई में गुज़रती थी। इन लाइनों पर हाथी और बाघ सरीखे वन्यजीव भी कट कर मरे। वन्य प्राणियों की सुरक्षा की दृष्टि से अब इन रेलवे लाइनों पर परिचालन पूर्णतः बन्द कर दिया गया है।

इतिहास के आईने से

वैसे इस जंगल में प्रबन्धन की शुरुआत 1860 ई. में सर डी.वी. ब्रैंडिस के आगमन के बाद शुरू हो गयी थी। ब्रिटिश इंडिया सरकार ने खैरीगढ़ स्टेट के कुछ हिस्सों के साथ संरक्षण की भी कवायद की थी। आज़ादी के क़रीब दस वर्षों बाद इसके मात्र 16 वर्ग कि.मी. क्षेत्र को बारासिंघा के संरक्षण के लिए सोनारीपुर सैंक्चुअरी घोषित किया गया था। 1965 ई. में 212 वर्ग कि.मी. क्षेत्र को दुधवा सैंक्चुअरी बनाया गया। शारदा नदी के उत्तरी एवं दक्षिणी वन क्षेत्रों को क्रमशः नॉर्थ खीरी फॉरेस्ट डिविजन और साउथ खीरी फॉरेस्ट डिविजन का नाम दिया गया। दुधवा सैंक्चुअरी नार्थ

खीरी डिविजन में अवस्थित है। इस तरह संरक्षण के पायदान पर चढ़ते-चढ़ते एवं फैलते यहाँ के वन एक नयी कहानी गढ़ते हुए आज़ादी के तीस वर्षों बाद 1977 ई. में राष्ट्रीय उद्यान बने। दुधवा को नेशनल पार्क बनवाने के पीछे बिली अर्जन सिंह जैसे व्यक्तित्व का हाथ है। बिली ने अपने अथक प्रयास से इस जंगल को बसाया और वन विभाग से वाइल्ड-लाइफ विभाग को अलग करने की मांग करते चले गये। इनके लगातार प्रयासों के बाद 1977 ई. में दुधवा नेशनल पार्क बना। बाद के वर्षों में किशनपुर सैंक्चुअरी तथा दुधवा नेशनल पार्क एवं कर्तनिया घाट सैंक्चुअरी को मिलाकर 1988 ई. में दुधवा टाइगर रिजर्व बनाया गया। इसके चार सालों के बाद साउथ खीरी डिविजन के जंगल को किशनपुर सैंक्चुअरी घोषित किया गया। इस बीच बहराईच ज़िले के क़रीब 400 वर्ग कि.मी. को 1976 ई. में कतर्निया घाट सैंक्चुअरी बना दिया गया, जो आज दुधवा टाइगर रिजर्व का अंग है।

चिड़ियाघर से दुधवा टाइगर रिजर्व तक

इंग्लैंड के ट्वाइक्रौस चिड़ियाघर में जन्मी बाघिन जेन को बिली अर्जन जुलाई 1976 ई. में भारत ले आये थे। जेन केवल तीन महीने की थी, जब वह सात समन्दर पार से बाघों के देश पहुँची। जेन को लाने का उद्देश्य था उदास पड़े दुधवा को बाघों की आबादी से गुलजार करना। बिली चिड़ियाघर के बाघ को जंगल में पुनर्स्थापित करना चाहते थे। भारतीय चिड़ियाघर में बाघिन के बच्चे नहीं मिले तो उन्होंने जेन को ही इसके लिए चुना। आशंका है कि जेन शुद्ध रॉयल बंगाल बाघ नहीं थी। उसके अन्दर साइबेरियन बाघ के भी जीन थे। बिली ने इस बाघिन की बच्ची को पालना शुरू किया। टाइगर हैवेन में पलते-बढ़ते इस बाघिन को तारा नाम मिला और इसे दुधवा नेशनल पार्क में छोड़ दिया गया। प्रकृति के साथ बड़ी होती यह बाघिन माँ भी बनी और छोड़ गयी एक विवाद कि क्या दुधवा के बाघों में साइबेरियन बाघ के भी आनुवांशिक गुण जुड़ गये हैं?

दुधवा के फाँटे

दुधवा एवं इससे सटे नेपाल के भाग में कई स्थानों के नाम के साथ 'फाँटा' जुड़ा होता है। उदाहरण के तौर पर गौरी फाँटा, शुक्ला फाँटा, फुलवरिया फाँटा इत्यादि। वस्तुतः ये फाँटे ऊँचे-ऊँचे साल वनों के बीच

में विस्तृत घासों के मैदान हैं। ये फाँटे दुधवा की पहचान हैं। इन घासों की प्रजातियों में नरकुल, काँस, नारी, रेतवा, उल्ला, मयारी, तमार, मूँज, खस आदि प्रमुख हैं। बरसात के मौसम में ये जलमग्न रहते हैं। ऐसा माना जाता है कि ये फाँटे साल के वनों का सफाया कर मानवीय इस्तेमाल की जगह हैं जैसे चराई, मानवीय बसाहट आदि। अधिकतर फाँटे वन-पथों के किनारे हैं, अतः यह भी माना जाता है कि ये ज़मींदारों एवं राजाओं के कारवाँ के विश्राम स्थल भी हो सकते हैं। मज़ेदार यह भी है कि ये फाँटे पाला या तुषार की चपेट में भी रहते हैं। अतः एक मान्यता यह भी है कि अधिक ठण्ड पड़ने के कारण यहाँ पेड़ों का विकास नहीं हो पाया। नतीजतन, इस भूमि पर घास प्रजाति के वनस्पतियों ने वर्चस्व क़ायम कर लिया। इनके रैखिक रूप के कारण ऐसी भी सम्भावना व्यक्त की जाती है कि ये फाँटे नदियों की पुरानी धाराओं या छाड़न पर विकसित हुए हैं। इनके उद्भव को समझने की पेचीदगी से बाहर निकलते हैं तो पाते हैं कि ये फाँटे दुधवा की जान हैं। घास के ये मैदान उन संकटग्रस्त जीवों के पनाहगाह हैं जो सिर्फ ऐसी ही अधिवास में पाये जाते है। हॉग डियर, एक सींग वाले गैंडे, हिस्पिड खरहे एवं बारासिंघा जैसे स्तनधारी एवं स्वाम्प फ्रैंकोलिन एवं बंगाल फ्लोरिकन जैसी पक्षियों की प्रजातियों का अस्तित्व ही इनके ऊपर निर्भर है। जंगली हाथी इनके ऊपर भोजन के लिए आश्रित हैं, वहीं बाघ भी इसमें छुपकर यहाँ पाये जाने वाले जीवों को अपना निवाला बनाता है। पहले यहाँ जंगली हाथी मुख्यतः नेपाल से आते-जाते रहते थे, लेकिन अब वे यहाँ की धरती में रच-बस गये हैं। क़रीब 200 से अधिक हाथियों को प्रश्रय देने वाला यह रिजर्व भारत में हिरणों की पायी जाने वाली आठ प्रजातियों में से पाँच-चीतल, साम्बर, बार्किंग डियर, हॉग डियर और बारासिंघे को संरक्षित करता है।

एक सींगे गैंडे का पुनर्वासन

भारत में एक सींग वाले गैंडे हिमालय की तराई से गंगा के मैदानी क्षेत्र के उत्तरी भाग में बहुतायत में पाये जाते थे। अब यह प्रजाति मुख्यतः उत्तर-पूर्वी भारत में सिमट कर रह गयी है। दुधवा का क्षेत्र भी इनका आशियाना था, लेकिन क़रीब 1878 ई. में ये यहाँ विलुप्ति के कगार पर चले गये। इनका आख़िरी सदस्य भी शिकारी की गोली का निशाना बना।

सरकारी प्रयासों से 1984 ई. में दुधवा में गैंडा पुनर्वासन का कार्य आरम्भ हुआ। पुनर्वासन यूँ जैसे मायके से ससुराल में बस जाना। उसमें भी जानवरों का पुनर्वासन ऐसा जैसे पौधों को एक स्थान से निकाल कर दूसरी जगह लगा देना और नयी पौध तैयार कर लेना। उन्नीस सौ चौरासी का साल जिसमें असम के पाबितरा आश्रयणी से पाँच गैंडों को ले आया गया था। इनमें तीन मादाएँ थीं। गौहाटी से दिल्ली तक हवाई यात्रा उसके बाद दिल्ली से दुधबा तक की सड़क यात्रा की थकान और पीड़ा दो मादा गैंडों की ज़िन्दगी पर भारी पड़ गयी। बचे तीन नर गैंडों से तो वंश नहीं चलता। नतीजतन, 1985 ई. में नेपाल के चितवन राष्ट्रीय उद्यान से 6 मादाओं को दुधवा में लाकर पुनर्वासित किया गया। अतः दुधवा में गैंडों का पुनर्वसन अन्तर्राजीय और अन्तर्देशीय सहयोग की मिसाल है। इस एक सींग के जानवर ने वहाँ की हवा, पानी को आत्मसात् किया। धीरे-धीरे इनकी संख्या बढ़ने लगी। लेकिन, दुधवा सोनारीपुर वन क्षेत्र के ककराहा में क़रीब 27 वर्ग कि.मी. में फैले बाड़े (राइनों रेहाबिलिटेसन एरिया) से निकल कर अब तक़रीबन तीन दर्जन गैंडे स्वच्छन्द विचरण की बाट जोह रहे हैं।

दुधवा में घास के मैदान

बाँके यहाँ के गैंडे के परिवार का पितामह था। जिसकी 2016 ई. में प्राकृतिक मौत हो गयी। संख्या में बढ़ चुके दुधवा के गैंडों को आनुवंशिक तौर पर सुदृढ़ करने की ज़रूरत है। 2018 ई. में सोनारीपुर क्षेत्र से कुछ नर एवं मादा गैंडों को बेलराया वन क्षेत्र के भादी ताल के बाड़े में पुनर्स्थापित किया गया है।

हिमरानी की कहानी

दुधवा गैंडा पुनर्स्थापना कार्यक्रम के शुरूआती दौर के टीम के सदस्य रहे देहरादून निवासी, वन्यजीव विशेषज्ञ डॉ. एस.पी. सिन्हा उन दिनों को याद कर अभी भी आह्लादित हो उठते हैं। उनके लिए 'हिमरानी' एक सेलिब्रिटी है; हो भी क्यों न-इसी पुनर्स्थापित मादा गैंडे ने ही तो पहली बार दुधवा को एक स्वस्थ शिशु का उपहार दिया था। बात अहले सुबह 2 मार्च 1989 ई. की है, वे अपनी टीम के साथ गैंडे की निगरानी में लगे थे। प्रबन्धन के लिए फाँटे के घास जला दिये जाने के कारण उन्हें और उनकी टीम को हाथी पर से सब कुछ दूर तक साफ़ दिखायी दे रहा था। हिमरानी के बगल में हल्के गुलाबी रंग का उसका नवजात खड़ा था। सिन्हा एवं उनकी टीम के लिए यह यादगार दृश्य था। दुधवा के तत्कालीन निदेशक आर.पी. सिंह भी नये मेहमान की देख-रेख में लग गये। सबसे बड़ी चुनौती थी शिशु गैंडे को बाघ का निवाला बनने से बचाना। शिशु गैंडे का वजन भी 60-70 किलोग्राम होता है। अगर ये माँ से थोड़ा भी अलग हो जाये तो बाघ इन्हें आराम से मार सकते हैं क्योंकि इन शिशुओं को ऐसे हमलावरों से बचने का न तो कोई ज्ञान होता है ना ही प्रकृति प्रदत्त हथियार; सिवाय शक्ति का जो उम्र बढ़ने पर ही आती है। हिमरानी के बच्चे को बचाने के लिए 3 वर्ग कि.मी. में एक नर्सरी बाड़े का निर्माण कराया गया। पूरी व्यवस्था के साथ कि बाघों की यहाँ तक पहुँच न हो। छोटे बाड़े में निगरानी भी आसान हो गयी। एक दिन बच्चे के दाहिने कान को ज़ख्मी देखकर सभी सकते में आ गये। रक्त-स्त्राव भी हो रहा था, उस पर दवाई छिड़कने के लिए जुगाड़ लगाकर एक पम्प बनाया गया। हाथी से जाकर दवा डालने कि कोशिश को माँ और बच्चे ने शुरू में तो नकारने की कोशिश की, लेकिन जल्द ही वे सहज हो गये। शायद माँ-बच्चे को इसके फ़ायदे की समझ आ गयी थी। अगर समय रहते ये कोशिशें नहीं

होती तो हिमरानी की सन्तान का फ़ायदा दुधवा के गैंडे परिवार को नहीं होता। इस ईलाज से ज़ख़्म पर कीटों एवं मक्खियों का दुष्प्रभाव नहीं पड़ा। यह बच्चे के लिए घातक हो सकता था। उसके पूर्णतः स्वस्थ हो जाने के बाद दोनों को बड़े वाले बाड़े में डाल दिया गया।

दुधवा में एक पुनर्वासित गैंडा

बाघों की दुश्वारियाँ

1970 ई. के पहले दुधवा या यूँ कहें तो नॉर्थ खीरी के बाघ भी वैसे ही राइफल का निशाना बन रहे थे जैसे देश के अन्य भागों के बाघ। बाघों का शिकार 'स्पोर्ट' और बाघ 'गेम' माने जाते थे। ब्रिटिश राज में साल की लकड़ियों का दोहन किया गया। दुधवा और इसके सटे स्थानों से गुज़रती रेल लाइनें इसकी गवाह हैं। प्रबन्धन के नाम पर जंगलों की कटाई और घास के मैदानों का गन्ने के खेतों के रूप में बदलाव दुधवा के बाघों की जिन्दगी को भी बदल रहा था। 17 सितम्बर 1972 ई. के *हिन्दुस्तान टाइम्स* में अशोक कुमार लिखते हैं कि–'बाघों के शिकार के आधिकारिक बन्दी के दो साल बाद भी बाघों का कम होना जारी था। बाघ शायद पलायन कर रहे थे। उनके रहवासों के प्राकृतिक वनों के

स्थान पर पौधारोपण हो रहा था। ताल और घास के मैदान दोनों ग़ायब हो रहे थे। और तो और बाघों के बेडरूम 'दमारा' को भी साफ़ कर उस पर पौधारोपण किया जा रहा था।'

स्थानीय लोग दुधवा के जंगल में ऊँचे स्थानों पर घास आच्छादित सघन वन को 'दमारा' या 'भूँड़' कहते हैं। किला फॉरेस्ट रेस्ट हाउस के पास वाले दमारा में एक वर्गमील में चमेली बाघिन अपने दो बच्चों के साथ रहती थी और साप्ताहिक तौर पर एक नर बाघ भी। ये ऊँची जगहें जंगली सूअर, चीतल और हॉग डिअर का बसेरा और ये बाघों के भोजन। ऐसी जगहों का इस्तेमाल बाघिन अपने बच्चों को सुरक्षित रखने के लिए भी करती थी। पहाड़ी स्थानों में बाघिन अपने बच्चों को छोटी गुफ़ाओं में छुपाती है, लेकिन दुधवा जैसे समतल स्थानों पर दमारा ही इसके लिए सबसे उपयुक्त जगह होती है, लेकिन, अब इन पर धीरे-धीरे ऑस्ट्रेलिया से आये यूकिलिप्टस पेड़ों का कब्जा होता जा रहा है और बाघों के 'बेडरूम' की दीवारें गिरती जा रहीं हैं।

मानव से रिश्ता

जंगल के स्वरुप में बदलाव से दुधवा के अन्दर बाघों के पसन्दीदा ठिकाने ध्वस्त होते जा रहे थे। जंगली शाकाहारी जीव इसके आस-पास गन्ने की खेती को अपना आशियाना बना रहे थे। जानवरों के लिए गन्ने के खेत भी एक घास के मैदान के ही समान होते हैं, छुपना और भोजन दोनों हो जाता है। वैज्ञानिक तौर पर भी गन्ना सैक्रम जाति की घास की ही एक प्रजाति है और जंगली सूअरों, नीलगायों के लिए एक सम्पूर्ण बसाहट। इन्हीं जानवरों के लालच में बाघ और तेन्दुए भी इन गन्ने के खेतों की ओर अपना रुख़ कर लेते हैं। जंगल से बाघों की नयी पीढ़ी अपने लिए नये क्षेत्र की तलाश के लिए भी इन विस्तृत गन्ने के खेतों को अपना पसन्दीदा स्थान बना लेती है। नतीज़तन, गन्ना कटाई के समय इन बाघों का मजदूरों एवं ग्रामीणों से आमना-सामना होता है जो मानव-बाघ संघर्ष का रूप ले लेता है।

वाइल्डलाइफ ट्रस्ट ऑफ इंडिया की रपट 'लिविंग विथ द वाइल्ड' के आँकड़े दर्शाते हैं कि 2000 ई. से 2013 ई. के दौरान दुधवा और इससे सटे पीलीभीत टाइगर रिजर्व के क्षेत्र में मानव-वन्यजीव द्वन्द्व के कुल 151

मामलों में से 73 में बाघों के द्वारा मनुष्य की क्षति हुई–मौत के रूप में या शारीरिक नुक़सान के तौर पर। सर्दियों में दुर्घटनाएँ बढ़ जाती हैं। यही मौसम होता है गन्ने की कटाई का। ऐसा नहीं की सभी मामले में नुक़सान मनुष्यों को ही होता है। बाघ भी लोगों के गुस्से का शिकार बनते हैं । कई बार लोगों द्वारा दर्दनाक तरीक़े से बाघों को मार दिया जाता है, लेकिन, बाघ और मनुष्य, दोनों बेचारे, करें तो क्या करें? बाघ विशेषज्ञ भी मानते हैं कि लोगों को अपने–आपको सुरक्षित रखने के लिए एहतियात बरतने होंगें। बाघों से द्वन्द्व का समाधान बाघों को मारने, पकड़कर उसे कहीं और छोड़ने अथवा चिड़ियाघर में भेजने में नहीं है–अधिकांशतः लोगों की यही माँग होती है। ग्रामीणों के बीच जागरूकता और अपने–आपको ऐसी परिस्थितियों से निपटने के लिए तैयार करने की ज़रूरत है ताकि वे इस परिस्थिति में सही क़दम उठा सकें।

शर्मीले भी और घातक भी

बाघ आदतन शर्मीले होते हैं। मतलब मनुष्यों से दूरी बनाकर रखते हैं, लेकिन, मानव से लगातार आमना–सामना होने पर निडर भी हो जाते हैं। कई टाइगर रिजर्व में बाघ पर्यटकों के सामने आने से परहेज नहीं करते क्योंकि वे इनका सामना प्रतिदिन करते हैं। दुधवा के अधिकतर बाघ शर्मीले हैं, लेकिन, पहले की घटनाओं पर नज़र दौड़ाएँ तो यह भी पता चलता है कि कई बाघ मानवीय उपस्थिति के आदी होने के बाद इतने निडर हो जाते हैं कि मनुष्यों पर हमला करने से भी परहेज नहीं करते हैं। कभी–कभी यह हमला घातक भी होता है और कभी बाघ मनुष्यों को निवाला भी बना डालते हैं। ऐसे बाघ अक्सर नरभक्षी माने जाने लगते हैं।

दुधवा टाइगर रिजर्व और इससे सटे पीलीभीत के जंगल (जो अब एक टाइगर रिजर्व भी हो गया है) में लम्बा कार्यानुभव रखने वाले भारतीय वन सेवा के वरीय पदाधिकारी रमेश पाण्डेय बताते हैं कि–'दुधवा के बाघ शान्त होते हैं तथा मानव से जहाँ तक हो सके दूर ही रहने की कोशिश करते हैं। ये एकान्तवासी एवं सन्तुलित स्वभाव के होते हैं। ठीक ऐसा ही शिकारी से संरक्षक बने जिम कॉर्बेट ने कई आदमख़ोर बाघों को मारने के बाद भी कहा था कि 'बाघ बड़े दिलवाला और भद्र' जानवर होता है।

बाघों से अनेकों बार आमना-सामना करनेवाले पाण्डेय साहब कतर्नियाघाट की एक घटना का ज़िक्र करते हैं-'वे अपनी टीम के साथ गिरवा नदी में पेट्रोलिंग कर रहे थे तभी उन्हें नदी के किनारे पर घासों में कुछ हरक़त प्रतीत हुई। दिखायी तो नहीं दिया, लेकिन उस हलचल को उन्होंने अपने कैनन पावरशॉट कैमरे में कैद कर लिया। फ़ोटो ज़ूम करने पर पता चला कि एक विशाल बाघ घासों के बीच से झाँक रहा था और शायद इनके जाने का इन्तजार कर रहा था ताकि नदी तक जाकर प्यास बुझा सके।'

दुधवा के बाघों के व्यवहार का दूसरा पहलू यह भी है कि ये कई बार मनुष्यों के लिए घातक भी हो जाते हैं। शायद इसलिए कि जो बाघ जंगल के किनारे रहते हैं वो मानवीय कोलाहल के आदी हो जाते हैं। उन्हें दोपायों का डर समाप्त हो जाता है और कई बार ये हमलावर प्रवृति के हो जाते हैं और मनुष्यों को भी अपना भोजन मान बैठते हैं-जो कि बाघों के प्राकृतिक व्यवहार के उलट है। पाण्डेय साहब ने ऐसी कई घटनाओं को देखा है और बताते हैं कि 'बाघों को मानव पर हमला कर शिकार बनाने की प्रवृति से रोका जा सकता है'। पीलीभीत में पदस्थापन के दौरान उन्होंने धमेला बीट में एक बाघिन के हिंसक व्यवहार और नरभक्षी होने का बारीकी से विश्लेषण किया। बात 2003 ई. की है। धमेला बाघिन नौ लोगों को अपना निवाला बना चुकी थी और उसे सरकारी तौर पर नरभक्षी घोषित कर दिया गया था। मतलब, उसे पकड़ना या मार दिया जाना। धमेला बाघिन ऐसी क्यों बनी? इसका मुख्य कारण था उसके द्वारा मनुष्य को पहला शिकार बनाये जाने के बाद भी मनुष्यों से लगातार आमना-सामना। बात 2005 ई. की है-'पाण्डेय साहब कतर्नियाघाट में पदस्थापित थे। एक बाघिन ने गन्ने के खेत में दो बच्चे दिये। उसने एक व्यक्ति को अपना शिकार बना डाला। लोगों को काफ़ी समझा-बुझाकर खेत और जंगल में प्रवेश से रोक दिया गया। बाघिन और मनुष्य के बीच क़रीब दो हफ़्तों तक कोई आमना-सामना नहीं हुआ। बाघिन वापस जंगल में अपने बच्चों के साथ चली गयी और किसी अन्य व्यक्ति के ऊपर हमला नहीं किया। कतर्नियाघाट के मुर्तिहा रेंज में हुई एक और घटना के बारे में वे बताते हैं-एक तरुण बाघ एक वृद्ध व्यक्ति को मारकर उसके कुछ हिस्से को खा गया। अब तक की ऐसी घटनाओं से सीख लेते हुए वन महकमे ने जंगल में क़रीब 10 वर्गमील के क्षेत्र में लोगों के आने-जाने पर पाबन्दी लगा दी।

आख़िरकार 7-8 दिनों बाद बाघ ने जंगली सूअर और चीतल को अपना शिकार बनाया। उसकी प्राकृतिक प्रवृति की वापसी हो गयी।'

अगर बाघ हमलावर हो जाये तो सबसे ज़रूरी है कि उसके मनुष्य से सम्पर्क की सम्भावनाओं को पूरी तौर पर विराम लगा दिया जाये। कम-से-कम दो हफ़्ते या उस अवधि तक जब वह अपना जंगली शिकार करना शुरू ना कर दे। धमेला बाघिन की घटना की यही सीख द्वन्द्व में मानव नुक़सान को कम करने का पाण्डेय साहब सरीखे वन महकमे के पदाधिकारियों का मन्त्र हो सकता है। वाइल्डलाइफ ट्रस्ट ऑफ इंडिया के प्रोजेक्ट में भी इसी मन्त्र का पालन ग्रामीणों से कराया जाता है। ग्रामीणों की बनाई गयी टीम का काम होता है गाँव के आस-पास बाघ की उपस्थिति के बारे में गाँव वालों को सचेत करना ताकि बाघ से आमना-सामना कम करने के लिए और द्वन्द्व को कम करने के लिए वे सभी एहतियाती क़दम उठायें।

बारासिंघे की उप-प्रजाति

वर्तमान दुधवा को संरक्षित करने की क़वायद सोनारीपुर आश्रयणी बनाकर शुरू की गयी थी; वह भी यहाँ के बारासिंघों के संरक्षण के लिए। यह बारासिंघे की तीसरी उप-प्रजाति (वैज्ञानिक नाम: रुसर्वस डूवौसिली डूवौसिली) है जो मध्य प्रदेश एवं असम में पायी जाने वाली अन्य दो उप-प्रजातियों से अलग है। यह भारत एवं नेपाल में हिमालय की तराई में पायी जाती है। भारत में दुधवा टाइगर रिजर्व के अलावा उत्तराखण्ड के झिलमिल ताल और अन्य जगहों पर भी इनकी छोटी-छोटी आबादी पायी जाती है। दुधवा टाइगर रिजर्व में ककराहा, सठियाना, झादी ताल बारासिंघे से गुलज़ार क्षेत्र हैं। बाँके ताल एवं भादी ताल में भी ये हिरण पाये जाते हैं, लेकिन उनकी संख्या कम है। इनके अधिवास के क्षरण के कारण नगरा ताल में इनका विलोपन 1970 ई. की शुरुआत में ही हो चला था। ये आर्द्र भूमि एवं ऊँचे घास के मैदानों में रहना पसन्द करते हैं। झादी ताल में इन बारासिंघों के साथ ऊदबिलावों और कई लुप्तप्राय पक्षियों को देखना झादी ताल को अनुपम बनाता है। बताते चलें कि यह ताल दुधवा

टाइगर रिजर्व के किशनपुर सैंक्चुअरी का हिस्सा है। बारासिंघे बरसात के मौसम में इन संरक्षित तालों से आस-पास के असंरक्षित तालों में भी चले जाते हैं। यह इनके स्वभाव का एक हिस्सा है। अतः बारासिंघों को बचाने के लिए ज़रूरत है इन असंरक्षित अधिवासों को भी बचाना और प्रवास के दौरान इन्हें सुरक्षा प्रदान करना।

दुधवा में बारासिंघे का झुण्ड

दुधवा के बिखरे मोती

किशनपुर और कतर्निया घाट सैंक्चुअरी दुधवा के अभिन्न अंग हैं। कतर्निया घाट का टैग लाइन–'व्हेयर रेयर इज कॉमन' इस वन्यजीव बहुल क्षेत्र के महत्व् की सटीक व्याख्या करता है। जो वन्यजीव अन्यत्र विरले पाये जाते हैं वो कतर्निया घाट में बड़ी आसानी से दिखायी देते हैं। गिरवा नदी इस सैंक्चुअरी का अभिन्न अंग है। नेपाल से निकली इस नदी में घड़ियाल और मगरमच्छ शरण पाते हैं। यहाँ दुर्लभ जाति के कछुए, महासीर मछली और कई तरह के जलीय जीव पाये जाते हैं। गिरवा नदी में राष्ट्रीय जलीय जीव-गंगा की डॉल्फिन भी उछलते-कूदते दिखायी देती है।

किशनपुर आश्रयणी की पहचान है ताल और फाँटे। इसके साथ ही साथ साल वन तो हैं ही। इस तरह का अधिवास बाघों को तो ललचाता ही है,

साथ ही कई अन्य वन्य–जीवों का पसन्दीदा क्षेत्र भी बनाता है। दुधवा टाइगर रिजर्व के बारासिंघों की सबसे बड़ी आबादी किशनपुर के झादी ताल में रहती है। तालों में सर्दियों में प्रवासी पक्षियों का जमावड़ा लगा रहता है। यहाँ 250 से अधिक पक्षियों की प्रजातियाँ पायी गयीं हैं। बंगाल फ्लोरिकन जैसे विलुप्तप्राय पक्षी भी यहाँ के फाँटे में दिखायी देते हैं।

वैसे तो प्रशासनिक तौर पर कतर्निया घाट और किशनपुर सैंक्चुअरी दुधवा टाइगर रिजर्व का हिस्सा हैं। पारिस्थितिकीय तौर पर भी ये अनूठे हैं, लेकिन, अगर गूगल अर्थ पर इन्हें देखें तो ये एक माला के बिखरे मोती प्रतीत होंगे। ज़रूरत है इन मोतियों को एक माला में पिरोना। इनको जोड़ते वन्यजीव गलियारों को मज़बूत एवं संरक्षित करने की ज़रूरत है, ताकि बाघों एवं अन्य वन्यजीवों का अस्तित्व सुरक्षित रहे।

दहकते पलाश और महमहाते महुआ के संग : पलामू टाइगर रिजर्व

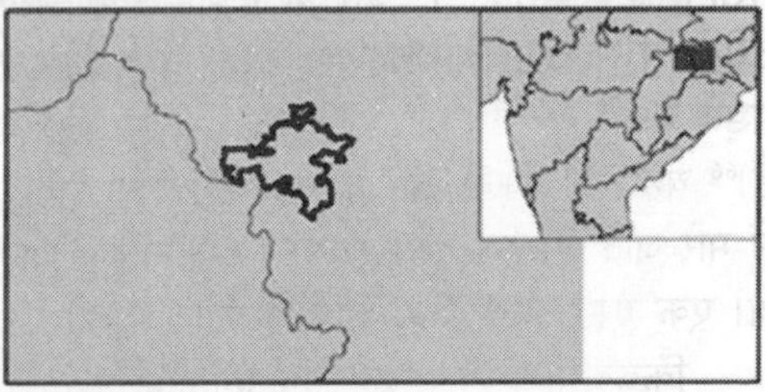

पलाश नाम में गज़ब का आकर्षण है। लाल दग्ध फूलों को देख कोई भी इसकी सुन्दरता में खो जाता है। झारखण्ड की धरती को इन फूलों का वरदान मिला है। ये पुष्प इसके राजकीय पुष्प हैं जो सिन्दूरी रंग से ऐसे टहटहाते हैं कि जंगल हमारी पलकों को रोक देता है। चैत्र महीने में दहकते पलाश और महुआ की भीनी खुशबू हमारे क़दम जंगलों की ओर ले जाते हैं। महुआ यूँ तो ग़रीबों का अमृत है, लेकिन जब से लोगों ने इसकी गुणवत्ता जानी है तब से यह लड्डू, अचार और सूखे फूल के रूप में पैकेटों के द्वारा शहरी थाली तक भी पहुँच चुका है। झारखण्ड अपनी प्रकृति की अद्‌भुत छटा को समेटे हुए है, लेकिन इसके पर्यटन की दशा पलाश के फूलों की तरह ही है। पलाश फूलों की मोहकता उसकी रौनक बसन्त से गर्मी तक ही रहती है बाद में इसकी तरफ़ कोई देखता भी नहीं। झारखण्ड की सुन्दरता बारिश के दिनों में चरम पर होती है। उसके बाद इस राज्य से बहनेवाली नदियाँ प्यासी ही रहतीं हैं। जहाँ नदियों में बहाव भर पानी रहता है उन्हें ज़बरदस्ती बांधने का काम सरकार ने खूब किया है। दहकते पलाश और महुए की मादकता लिए झारखण्ड का पलामू जिला प्रकृति का एक अनुपम उपहार है।

'पलामू' का पठार उत्तरी छोटनागपुर पठार का एक भाग है जिसकी ऊँचाई भले ही कम हो, लेकिन अपने पूर्वी भाग में राँची का पठार तो दक्षिणी भाग में पाट क्षेत्र के साथ यह घुलमिल जाता है। पश्चिमी भाग छत्तीसगढ़ के सरगुजा की पहाड़ियों और उत्तर प्रदेश के सोनभद्र ज़िले को छूता है। उत्तरी कोयल, सोन और औरंगा नदियों से सिंचित पलामू ज़िले के पास खुद का एक इतिहास है।

पलामू इतिहास के झरोखे से

पलामू नाम कैसे पड़ा? इस प्रश्न को अलग-अलग मान्यताओं ने अपने तरीक़े से सुलझाने की कोशिश की।[65] कुछ लोग पलामू नाम के साथ यहाँ पड़ने वाली अत्यधिक ठण्ड 'पाला' और 'मू' मतलब मरना को कहते हैं।[66] यहाँ के जंगलों और पहाड़ों के कारण लोग हाड़ कँपाने वाली ठण्ड में मारे जाते थे। दूसरी तरफ़ मुगल इसे 'पलून' या 'पालून' की तरह मानते थे। एक ऐसी जगह जहाँ लोग शरणार्थियों की तरह टिकते थे।

किंवदन्तियाँ, परम्पराएँ और ऐतिहासिक तथ्य बताते हैं कि-'खरवार, उरांव और चेरों ने पलामू पर शासन किया था। लोगों की बोलचाल, रहन-सहन देखने से इस बात की पुष्टि होती है कि उरांव का मुख्यालय शाहाबाद यानी वर्तमान भोजपुर और रोहतास ज़िले से था। इन उरांवो ने रोहतासगढ़ से पलामू पर शासन किया था। मुगलकालीन इतिहास पलामू का ज़िक्र करता है। 1598 ई. में जब मान सिंह बिहार प्रान्त का गवर्नर बना तब उसने चेरों के ऊपर अपने शासन का डण्डा चलाया था। उनके प्रतिरोध के बाद उन्हें मौत की नींद सुला दी गयी। अनन्त राय, भागवत राय और साहबल राय जैसे शासकों ने पलामू पर अपना झण्डा लहराने की कोशिश की। जहाँगीर के समय साहबल राय ने हजारीबाग के पास चौपारण तक अपनी सीमा बढ़ा ली थी। फिर जहाँगीर ने साहबल राय को मुगल अभियान के तहत घुटनों के बल झुकवा लिया। साहबल राय के बाद शाहजहाँ के समकालीन भूपल राय तथा मेदिनी राय हुए।

65. www.Palamu.nic.in

66. Gazetteer of Palamu District

मेदिनी राय ने मुगल किले का इस्तेमाल करते हुए यहाँ से जन कल्याण के कार्यों को अन्जाम दिया। उन्हीं कार्यों में एक था पलामू में जंगलों को संरक्षित करना। इन्हीं मेदिनीराय के नाम पर पलामू के मुख्यालय डाल्टनगंज (ब्रिटिश राज में छोटनागपुर के कमिश्नर कर्नल एडवर्ड डाल्टन ने 1862 ई. में खोजा था) का नाम बदलकर मेदिनीनगर (अप्रैल 2018 ई.) कर दिया गया है। पलामू कई लोगों के हाथ बिकता गया। कभी टेकारी के राजा तो कभी रामगढ़ के राजा ने उसे किराये पर लिया। अंग्रेज़ों के शासन काल में ईस्ट इंडिया कम्पनी के साथ समझौते के तहत गोपाल राय को पलामू का शासक घोषित किया गया। पलामू ज़िले के इतिहास की तरह इस टाइगर रिजर्व की भी एक लम्बी कहानी है।

पलामू टाइगर रिजर्व इतिहास के झरोखे से

पलामू के ब्रिटिश डी.एफ.ओ. जे डब्लू. निकॉल्सन ने भारत में पहली बार बाघों की गणना करायी। पंजों के निशान के आधार पर मारोमार, बारेसांढ और सैदुप जंगल के क़रीब 300 वर्ग कि.मी. में अप्रैल 1932 ई. में यह गणना की गयी थी। भारतीय वन अधिनियम के तहत 1947 ई. में एक रिजर्व क्षेत्र के रूप में अलग किया गया था। 1973 ई. में प्रोजेक्ट टाइगर के शुरुआत में भारत में नौ टाइगर रिजर्व की स्थापना की गयी तब पलामू को भी स्थान दिया गया। कालक्रम में पलामू वाइल्डलाइफ सैंक्चुअरी, रिजर्व और प्रोटेक्टेड फॉरेस्ट को भी इसमें मिला दिया गया। वर्तमान में 1129.93 वर्ग कि.मी. में फैले इस वन क्षेत्र ने माओवादियों, वन माफियाओं के दमन को झेला। यह नासूर ऐसा था कि इस महत्त्वपूर्ण जगह को बेवजह उपेक्षित होना पड़ा। इस टाइगर रिजर्व का प्रबन्धन अभी इससे उबर नहीं पाया है। बाघ संरक्षण एवं प्रबन्धन में नये प्रयोगों के लिए जाना जानेवाला पलामू आज बाघ की उपस्थिति दर्ज़ कराने के लिए जूझ रहा है।

बेतला नेशनल पार्क

पलामू टाइगर रिजर्व का एक अंग है बेतला नेशनल पार्क है। वैसे 'बेतला' एक अंग्रेज़ी में बनाया गया संक्षिप्त शब्द (एक्रोनिम) है। बेतला (BETLA) अर्थात् बाईसन (गौर), एलिफैंट, टाइगर, लेपर्ड और एक्सिस-एक्सिस (स्पोटेड डियर)। लेकिन जब 'बेतला' को पूर्ण शब्द के रूप में देखा जाये

तो यह स्कैंडिनेवियाई शब्द है जिसे लोग लड़की के नाम के लिए प्रयुक्त करते हैं जिसका अर्थ होता है एक ऐसी औरत जिसकी प्रतिज्ञा में ईश्वर शामिल होता है । बेतला जाने या अनजाने में ईश्वर की अनूठी कृतियों को संजोता है। बेतला पर्यटकों के लिए भी आकर्षण का केन्द्र है। कम समय में भी कई प्रजाति के वन्य-प्राणियों के दिखने की सम्भावना सबसे ज़्यादा यहीं रहती है। नावा बाँध का घास का मैदान चीतल के झुण्ड और लँगूर की सेना से पटा रहता है। इनकी अठखेलियों को यहाँ महुआ के पेड़ पर बने 'ट्री-हाउस' से देखने का अपने मज़ा था। 1976 ई. में बनाए गये मचान को 1978 ई. में एक कमरे के घर का रूप दे दिया गया। ट्री-हाउस 1990 ई. के बाद इस्तेमाल के लायक तो नहीं रहा, लेकिन इसके तर्ज पर कई स्थानों पर ऐसे ट्री-हाउस बनाए गये।

कहानी बेगम के परिवार की

अभी फरवरी 2020 ई. के आख़िरी में बेतला की धरती पर एक बाघिन की मृत देह मिली। तरह-तरह के दावे किये जा रहे हैं, कोई शिकारी की गोली तो वन विभाग गौर का हमला बता रहा है। जाने को तो वो बाघिन चली गयी, लेकिन उसने अपने पोस्टमार्टम के पहले सारी एजेंसियों को यह बता गयी कि बेतला की धरती पर बाघ थे। जबकि 2017-18 ई. की सरकारी गणना में यहाँ बाघों के न पाये जाने का ज़िक्र था। शायद इस बाघिन को आधुनिक ट्रैप-कैमरे कैद न कर पाये थे। दुआ है, कलंक को मिटाती यह बाघिन अपने पूर्वजों की इस धरती की शायद आखिरी निशानी न हो। इसके पूर्वजों में शामिल थी बेगम बाघिन। जो डॉ. डी.एस. श्रीवास्तव के किस्सों में हरदम ही रहती है। डॉ. श्रीवास्तव जूलॉजी के एक रिटायर्ड प्रोफ़ेसर हैं। 1970 ई. के पहले से ही पलामू उनकी कर्मस्थली रही और इन्होनें पलामू के हाथियों, बाघों और अन्य वन्य-प्राणियों पर कई शोध किये। बेगम सैदुप कम्पार्टमेंट में अक्सर देखी जाती थी। एक बार चुरवा नाले के पास वनकर्मियों को ज़मीन पर गिरे हुए खून के थक्के दिखे। कर्मियों के हाथ पैर फूलने लगे यह सोचकर कि- किसी वन्य प्राणी का शिकार हो गया है। जब तहकीकात की गयी तो खून के थक्के एक-दो जगह और दिखायी दिये। ये खून के थक्के किसी शिकार के नहीं थे।

यह बेगम के रजस्वला होने के निशान थे। साथ ही साथ घास पर बाघिन के बालों को देख एक सहज अन्दाज हो गया था कि घास पर लोटती बाघिन अपने हिट पीरियड में है उसे अभी साथी की ज़रूरत है। ज़्यादा दिनों का इन्तज़ार नहीं करना पड़ा था लगभग तीन हफ्ते के बाद बाघिन को एक बाघ के साथ नाले के किनारे देखा गया था। बाघिन पाँच से छः कि.मी. के दायरे में चक्कर काटते रहती थी। बाघ और बाघिन के सहवास में गर्भाधान की खुशख़बरी सोची जा सकती थी क्योंकि बाघिन ने घूमना फिरना कम कर दिया था। बाद में बाघिन के बच्चों के निशान जंगल में पाये गये थे और वह शावकों के साथ देखी भी गयी। धीरे-धीरे बच्चे बड़े होने लगे और अपनी माँ से अलग भी। वनकर्मी पैरों के निशान से बाघों का लिंग तय नहीं कर पा रहे थे। ऐसे में नवाब बाघ और बेगम बाघिन के बच्चों को सलीम और उमर कहा जाने लगा। मात्र सत्रह महीने के बाद एक शावक जो मादा थी मृत पायी गयी। पोस्टमार्टम रिपोर्ट ने बाघ के बच्चे के भी मरने की वजह भूख बतायी। बाद में बेगम ने पाँच बच्चों को जन्म दिया था जिसमें दो मर गये बाकी बचे तीनों को मनुष्यों जैसा नाम मिला। नर बच्चे को शेरा और मादा बच्चे बॉबी और बन्टी कहे जाने लगे। मात्र ढाई वर्षों में बेगम के बच्चों के पैरों के निशान उससे भी बड़े होने लगे। 1983 ई. से 1991 ई. तक में बेगम ने ग्यारह बच्चों को जन्म दिया था। 20 सितम्बर 1991 ई. को बेगम की मृत देह बैगापानी वाटर होल के पास पायी गयी थी। पोस्टमार्टम और फोरेंसिक रिपोर्टों ने ज़हरखुरानी का मामला बताया था। उस समय बेगम के दो बच्चे भी थे जिन्हें बचा लिया गया था।

बाघों को धकेलते ख़ुद हाशिये पर चले गये वन कुत्ते

बेतला के आस-पास के गाँवों में बेगम और उसका परिवार वहाँ रहनेवाले किसानों के लिए कहर ही बने रहते। उनकी गायें अक्सर इन बाघों का शिकार बनती थीं। जंगलों से घुलमिल रहनेवाले इन लोगों ने 'प्रकृति का कहर' समझ अपने रिश्ते को कभी ख़राब नहीं होने दिया। खेरवार, चेरों, बिरजिया, उरांव, कोरवा, नागेसिया, परहिया, मुण्डा और बिरहोर जनजातियों से सजी यह धरती करम के वृक्षों से हृदय से जुड़े हुए हैं।[67] करमा, सरहुल जैसे त्योहारों को मनानेवाले सखुआ, सागवान, महुआ सबसे बहुत क़रीब

67. हसनैन, नदीम 2000, जनजातिय भारत।

से जुड़े हुए हैं। मिथकों में मुण्डा और उरांव रामायण तथा महाभारत में उल्लेखित हैं। घने जंगल में सरना स्थल बनाकर पूजने वाली ये आदिम जातियाँ वृक्षों के अलावा हाथी, कछुआ, साँप आदि को पूजते हैं और अपनी जैव-विविधता को अब तक बचाये हुए हैं। विकास रूपी मगरमच्छ के सामने जब आदिवासियों का शोषण होने लगा तब इनकी कचोटती आत्मा जोड़ा हाड़ील बन आसमान में उड़ चली। पलामू के जंगल में एक आदिम मूर्ति बनी हुई है साथ ही दो हाड़ील की भी मूर्तियाँ हैं। आदिवासियों की मान्यता है कि शोषण और व्यवस्था से ऊबे दो प्रेमियों की मूर्तियाँ हैं।

जंगल का सर्वश्रेष्ठ जानवर भी समूह के सामने कातर हो जाता है। कुशल शिकारी बेगम बाघिन ने पलामू के जंगली कुत्तों के सामने घुटने टेक दिये थे। एक बार पालतू गाय पर आक्रमण करने वाली बाघिन को इन कुत्तों ने जंगल के एक कोने तक खदेड़ दिया था। एक बार बीस से ज़्यादा जंगली कुत्तों से घिरी बाघिन कातर हो गयी थी, लेकिन, उसने भी एक कुत्ते को मौत के घाट उतार दिया था।

जंगली कुत्तों से आबाद यह रिजर्व 2011 ई. आते-आते क़रीब बिन जंगली कुत्तों का हो गया। डॉ श्रीवास्तव बताते हैं कि महुआडांड़ के जंगल मे हाल के वर्षों ये दिखायी दिये थे। वैसे ये कुत्ते पलामू से जुड़े छत्तीसगढ़ के जंगलों जैसे सेमरसोत और तमोर पिंगला वन्यजीव अभ्यारण्यों से आ सकते हैं।

पलामू के हाथियों की भी एक अपनी कहानी है। सन् 1920 ई. के पहले इस क्षेत्र में हाथी नहीं थे।[68] उस दौरान सरगुजा के महाराज ने 20 पालतू हाथियों को इस जंगल में छोड़ दिया जो बाद में जंगली रूप से रहने लगे और उनकी संख्या बढ़ती चली गयी। बाद में ये हाथी झारखण्ड के सिंहभूम के हाथियों से मिश्रित हो गये।

1986-1995 ई. तक नक्सलियों के ख़िलाफ़ चलाये जानेवाले अभियान के कारण जंगलों में सीआरपीएफ के जवान रहने लगे जिसने नेशनल पार्क की नियमित गतिविधियों को बाधित किया। फिर 1996-2015 ई. के बीच माओवादियों की गतिविधियाँ बढ़ती गयीं, नक्सलियों और केन्द्रीय

---

68. Lahiry. S. 2014. Pugmarks in Palamu (Encounters in the wild Based on Memoirs of a Forest Officer), Platinum Press.

सुरक्षा बल की गोलियों के बीच इन जानवरों का रहना मुश्किल हो गया। विभिन्न ख़तरों की वजह से वनकर्मियों को अपने दैनिक गस्ती और सुरक्षा कार्यों में समस्याएँ आने लगी और उसका सीधा असर यहाँ के वन्यजीवों पर पड़ा। इन सबके ऊपर वनकर्मियों की सेवा अवधि समाप्ति के कारण उनकी कमी हुई। जिस कारण बाघों को हराने वाले कुत्ते खुद हार गये। पलामू के वन कर्मियों को भी नक्सलियों ने नहीं छोड़ा। 1990 से 2003 ई. के बीच लगभग दस वनकर्मी मारे गये तो कई बार जीप उड़ा दी गयी, जंगलों में आग लगा दी गयी। इतने हमले और ख़ूनी खेल के बावजूद जंगल ने अपनी सघनता नहीं खोयी हालाँकि कई जानवर हमेशा के लिए समाप्त हो गये।

पलामू का किला

सभी भग्नावशेष कुछ कहते हैं, पलामू भ्रमण के दौरान ये ईंट भी कुछ कहते हैं। यूँ तो किले लड़ाइयाँ जीतने के लिए ही बनाये जाते थे, लेकिन पलामू का पुराना किला इतिहासकारों की नज़र में राकसेल के राजा के द्वारा बनवाई गयी थी जिसका जीर्णोद्धार चेरों के प्रसिद्ध जनप्रिय राजा मेदिनीराय ने करवाया था। राजा ने अपने राज्य की हर एक प्रजा को कम से कम से एक गाय या एक भैंस दी थी। उसका मानना था हर घर में एक दुधारू पशु का होना ज़रूरी है। पुराना किला अभी पलामू नेशनल पार्क में ही स्थित है जो तीन वर्ग कि.मी. में फैला हुआ है। औरंगा नदी के किनारे बने इस किले को तीन ओर से पहाड़ घेरते हैं। अभी इनके ऊपर उगी झाड़ियों को देख लगता है अधिकतम ऊँचाई समय के साथ बदलती है। एक अच्छी-ख़ासी नगरी एक भुतहे किले में तब्दील हो कहानियों में दर्ज़ हो गयी है। क़िले की दीवारों पर तोप और गोले के निशान इसके संघर्ष की कहानियों को बयाँ करते हैं। बाद में मेदिनीराय द्वारा बनाया गया नया किला अपनी सुन्दर नक़्क़ाशी का नमूना पेश करता है। किले को मुख्य नागपुरी द्वार पर अरबी और फारसी की आयतों के अलावा संस्कृत में भी लिखा हुआ है। दोनों तरफ़ खुदे गहरे कुएँ राजा की दूरदर्शिता को बताते हैं। राजा ने जानवरों के पानी पीने की जगहों का भी निर्माण करवाया था। किले में जानवरों और प्रकृति को देखने के लिए वॉच टावर बने हुए हैं।

बाद की पीढ़ियों ने क़िले को संजोने की कोशिशें की, लेकिन ब्रिटिश आक्रमणों ने किले की मज़बूत नींव को हिलाने की कोशिश की। 1771 ई. से चला यह संघर्ष तमाम उतार-चढ़ाव के बाद 1772 ई. में रुका जब आदिवासी चेरों और खरवारों की सेना ने सार्जेंट पेलविन को मार डाला तथा लेफ्टिनेंट स्कॉट को घायल कर इस किले को अपने क़ब्ज़े में ले लिया था। अंग्रेज़ों के ख़िलाफ़ 1857 ई. की लड़ाई में भी राजा, प्रजा यानी खरवार, चेरों और बोगता आदिवासियों ने खुलकर संघर्ष किया ।

अतीत को ढँकती हरीतिमा : पलामू किला

जंगल और मानव सम्बन्ध

उत्तरी कोयल और सोन नदियों के जलग्रहण क्षेत्र में पाये जाने के बावजूद पलामू एक सूखाड़ प्रभावित क्षेत्र है क्योंकि यहाँ बरसात के दिनों में ही नदियों में पानी रहता है। उन दोनों नदियों के अलावा औरंगा, अक्सी, पण्डरा, पँचनदिया, सतनदिया और जावा जैसी नदियों से नमी बनी रहती है, लेकिन, बरसात बाद नदियाँ सूख जाती हैं। पलामू टाइगर रिजर्व ने यहाँ के जल स्तर को बनाये रखा है। वर्षों तक खटाई में पड़ी मण्डल डैम के

निर्माण का उद्घाटन 2019 ई. में हुआ। जलीय-विकास का यह क़दम हजारों पेड़ों की बलि लेगा जो बाघों के आशियाने के लिए घातक सिद्ध हो सकता है।

इसके आस-पास के लोग तीन महीने ही खेती पर निर्भर रहते हैं बाकी के दिनों में रिजर्व के बफर जोन में बहुत ही ज़्यादा मानवीय हलचल होती है। कभी महुआ बीनने वाले तो कभी लकड़ियाँ काटनेवाले, कई औषधीय पौधों, मशरूम, शहद आदि को इकठ्ठा करनेवालों की लापरवाही की वजह से जंगल को भीषण आग का भी सामना करना पड़ता है। जंगल इनके तीन से चार महीनों का भोजन देता है। पलामू के जंगल में आग रोकने का बहुत ही सरल पर प्रभावी उपाय किया गया था। अग्नि-सुरक्षा दल वाच-टावरों पर चौबीसों घण्टे मौजूद रहते और रात्रि में टार्च की रोशनी

पलामू का विहंगम दृश्य

से इशारा कर पास के टावर पर सहकर्मी को आग फैलने की सूचना देते थे। धीरे-धीरे यह व्यवस्था कई कारणों से समाप्त हो गयी। पर्यटकों को खींचने के लिए नेशनल पार्क के आस-पास की अनुपम छटा पर्याप्त है। लोध जलप्रपात (झारखण्ड का सबसे ऊँचा जलप्रपात), मिरचईया जलप्रपात,

औरंगा नदी का किनारा तो सोन और कोयल का मिलन स्थल, सरावत की चोटी (पलामू के पठार की ऊँची चोटी) तो टाथा पानी की गर्म जलधारा, सुगाबाँध के अलावा नेतरहाट भी पलामू के बफर जोन में आते हैं।

वैसे तो लगभग हर हिल स्टेशन का एक सनसेट और सनराइज प्वाइंट होता है, लेकिन, यहाँ स्थित पहाड़ों की रानी नेतरहाट अपनी अनुपम सुन्दरता बिखेर अद्‌भुत् दृश्य बनाती है।

पलामू टाइगर रिजर्व अब तक साँस ले रहा है वही काफ़ी है क्योंकि आज़ादी के पहले के संघर्ष भरे इतिहास के बाद इसकी हरीतिमा और जैव-विविधता देख जिस टाइगर रिजर्व की मान्यता मिली वो बाद के ख़ूनी खेलों में दम तोड़ती नज़र आयी। पलामू के बाघों के समाप्त होने के मूल में प्रबन्धन की ढिलाई एवं सुरक्षा की कमी से घटते हुए शाकाहारी जानवर रहे हैं। गौर, हिरण, सूअर आदि की संख्या कम होती गयी और इसका सीधा असर बाघों की संख्या पर पड़ा है।

उल्लू से पहचान : मेलघाट

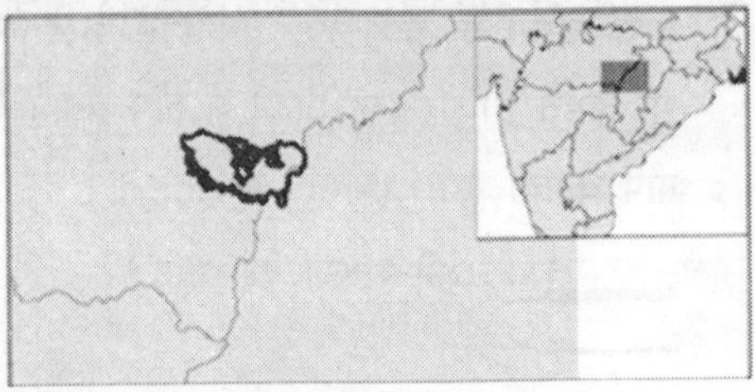

पहाड़ों की रानी सतपुड़ा का जादू सिर्फ़ मध्य प्रदेश में ही नहीं बल्कि महाराष्ट्र के अमरावती ज़िले में भी है। यहाँ अवस्थित मेलघाट को महाराष्ट्र का पहला टाइगर रिजर्व होने का गौरव प्राप्त है। यह रिजर्व प्रोजेक्ट टाइगर के शुरुआती नौ रिजर्वों में से एक है। घाटों को मेल कराना या घाटों को जोड़ने का शाब्दिक अर्थ लिए हुए मेलघाट सतपुड़ा की पहाड़ियों के दक्षिणी भाग गाविलगढ़ की पहाड़ियों के समीप बसा हुआ है। गाविलगढ़ का किला अंग्रेज़ों और मराठों के बीच लड़ी गयी दूसरी लड़ाई का साक्षी रहा है। अमरावती और आस-पास के क्षेत्र में गवली समुदायों का मुख्य काम गोचारण होता है। इनके द्वारा गायों की सेवा से प्रभावित होकर लोगों ने इन्हें गवली नाम दिया। मध्य प्रदेश में बैतूल ज़िले के मूलताई से निकलकर ताप्ती या तापी नदी मेलघाट के उत्तरी किनारे को बाँधती है और पश्चिम की ओर बहती हुई अरब सागर में विलीन हो जाती है। तापी एवं पुरना नदियाँ मेलघाट के भू-भाग से जल को समेटती हैं और इसमें सहायता करती हैं इसी जंगल से बहने वाली खाण्डु, खपरा, सिपना, गडगा और ढोला नदियाँ। तापी और पुरना नदियाँ पूर्व-पश्चिम अक्ष पर फैली गाविलगढ़ पहाड़ी के दोनों ढालों के समानान्तर बहती हैं। ये छोटी नदियाँ ताप्ती में मिल जाती हैं। मध्यभारत में स्थित यह टाइगर

रिजर्व विशाल जंगल के साथ अद्वितीय जैव-विविधता लिए विदर्भ क्षेत्र की शान है। गहरी घाटियों, नदियों और नालों (दोह) से भरा-पूरा 2768 वर्ग कि.मी. में फैला यह टाइगर रिजर्व वर्तमान में देश का तीसरा सबसे बड़ा टाइगर रिजर्व है।

मेलघाट के अतीत में शामिल है दक्कन की बेरार सल्तनत जिसकी स्थापना पन्द्रहवीं सदी में इमाद शाही ने की। पूर्वी और पश्चिमी भाग को क्रमश: नरनाला और गवलीगढ़ के किले सुशोभित करते थे। कुल 360 वाच-टावरों के साथ 392 एकड़ में फैले नरनाला किले को शाहनूर किला भी कहते हैं। नरनाला किले में तोप बनाने का भी कारखाना था जहाँ कई तोपें बनायीं गयीं। वर्तमान में तीन तोपें नरनाला किले में रखी हुई हैं इनमें

मेलघाट जंगल के बीच किले का हिस्सा

सबसे बड़ी है नौ-गज तोप। नाम से स्पष्ट है कि इसकी लम्बाई क़रीब पौने सात मीटर है तथा इसका मुँह चन्दन खोरा अर्थात् चन्दन के जंगल की घाटी की ओर है। वर्णित है कि 'कड़क बिजली' नाम की तोप इसी चन्दन खोरा में गिर गयी जिसका बाद में कोई पता नहीं चल पाया। यह तोप तेज़ चिंगारी निकालने में माहिर थी। कहा जाता है कि इसे मुग़लों के

शासनकाल के पहले बनाया गया था।[69] 1701 ई. तक यह किला मुगलों के अधीन रहा उसके बाद परसोजी भोंसले ने इसके ऊपर क़ब्ज़ा कर लिया। 1803 ई. में द्वितीय मराठा युद्ध के बाद कर्नल औथर्र वेलेस्ली ने इस किले पर अधिकार जमाया था। पठार पर बनाये इस किले के वर्षा-जल संग्रहण और जल-निकासी की व्यवस्था देखने योग्य है।

मेलघाट टाइगर रिजर्व

गुगामल नेशनल पार्क, वैन, मेलघाट, अम्बाबरवा तथा नरनाला वाइल्डलाइफ सैंक्चुअरी मिलकर इस टाइगर रिजर्व का कोर क्षेत्र बनाते हैं। पहले मेलघाट टाइगर रिजर्व में केवल मेलघाट सैंक्चुअरी और गुगामल नेशनल पार्क के क्षेत्र ही शामिल थे। इस टाइगर रिजर्व में 1500 वर्ग कि.मी. कोर और 1268 वर्ग कि.मी. बफर क्षेत्र है। मेलघाट में वन मुख्य रूप से सागवान या सागौन आच्छादित हैं। वहीं पहाड़ी ढलानों एवं घाटियों में बाँस के वन पाये जाते हैं। बाँस के अलावा घासों की क़रीब 95 से अधिक प्रजातियाँ मेलघाट के 'बल्ला' क्षेत्रों में मिलती हैं। इस क्षेत्र में पठारी स्थानों को 'बल्ला' कहते हैं। घास और बाँस के क्षेत्र शाकाहारी प्राणियों ख़ासकर गौर के पसन्दीदा स्थान हैं। अभी क़रीब दो दर्जन गाँवों की छाप मानवीय गतिविधियों एवं पशु-चराई के रूप में मेलघाट के कोर क्षेत्र पर दिखायी देते हैं। रिजर्व प्रशासन द्वारा विगत दो दशकों में कई गाँवों का सफल विस्थापन किया गया है जिस कारण यहाँ शाकाहारी एवं मांसाहारी वन्यजीवों की संख्या बढ़ी है। जहाँ तक बाघों की जनसंख्या घनत्व का सवाल है गुगामल नेशनल पार्क और अम्बाबरवा वाइल्डलाइफ सैंक्चुअरी टाइगर रिजर्व के अन्य क्षेत्रों पर भारी पड़ते हैं। भेड़िया गुगामल नेशनल पार्क का दूसरा महत्त्वपूर्ण मांसाहारी जीव है जो मेलघाट के अन्य क्षेत्रों में न के बराबर पाया जाता है। पहाड़ों अथवा 'घाटों के मेल' के अलावा मेलघाट में प्राकृतिक रूप से पाये जाने वाले साल एवं सागौन के वन प्रकारों का भी मिलन होता है; जो इसे प्राकृतिक तौर पर अनूठा बनाता है।

---

69. Garge, T. 2012. Cannons of Narnala fort, Maharashtra. History Today, Journal of History and Historical Archeology, Vol. 13, pp. 105-107.

मेलघाट का भू-दृश्य

मेलघाट की जैव-विविधता ख़ासकर यहाँ की वनस्पतियाँ अद्‌भुत हैं। वनस्पतियों की क़रीब 770 से अधिक प्रजातियाँ वनस्पति शास्त्र के विद्यार्थियो के लिए आकर्षण का केन्द्र हैं। इन्हीं वनस्पतियों में से कई का इस्तेमाल यहाँ की जनजातियाँ दवा के रूप में करती हैं। वैन सैंक्चुअरी में ग्लोरिओसा सुपर्बा (फ्लेम लिली) की बहुतायत है। स्थानीय जनजातियाँ इस पौधे के डण्ठल से निकलने वाले रस से मुहाँसे का इलाज़ करती हैं। यहाँ पायी जाने वाली वनस्पतियों की कई प्रजातियाँ पश्चिमी घाट के साथ ही साथ देश के पूर्वी एवं पूर्वोत्तर राज्यों तथा हिमालय के क्षेत्र में मिलने वाली प्रजातियों से मेल खाती हैं। टाइगर रिजर्व में 80 प्रजातियों के स्तनधारी एवं 250 से अधिक पक्षियों की प्रजातियाँ विचरण करती हैं। यहाँ की नदियों में मछलियों की क़रीब सौ प्रजातियाँ मिलती हैं।[70]

---

70. Editor-Director, 2005. Fauna of Melghat Tiger Reserve, Conservation Area Series, 24: 1-500 + 8pp plates (Published by the Director, Zool. Surv. India, Kolkata)

बार्किंग डिअर : एक छोटा हिरण

मानव कोलाहल से अछूता : गुगामल राष्ट्रीय उद्यान

क़रीब 361 वर्ग कि.मी. क्षेत्रफल में फैला गुगामल राष्ट्रीय उद्यान मेलघाट टाइगर रिजर्व का वह भाग है जहाँ किसी भी प्रकार का मानवीय कोलाहल नहीं हैं। इस कारण यह क्षेत्र वास्तव में एक शान्त और नैसर्गिक वन क्षेत्र का प्रतिरूप है। इस क्षेत्र को मेलघाट में बाघों और अन्य वन्यजीवों के स्त्रोत के रूप में देख सकते हैं। यहाँ तक कि इसके भीतर पर्यटन गतिविधियाँ भी चिखलदरा पर्यटन क्षेत्र को छोड़कर अन्य जगहों पर नहीं है। इसके भीतर अवस्थित तीन गाँवों का विस्थापन वर्षों पहले किया जा चुका है। हालाँकि इससे होकर एक सड़क पार करती है जिस पर गुजरने वाली गाड़ियों की संख्या बहुत ही कम है, तथा इन गाड़ियों को इस उद्यान के अन्दर रुकने की मनाही है। यह उद्यान अपने औषधीय पौधों के लिए विख्यात है। निचले भाग में बाँस की छाँव देखी जा सकती है। यह भाग ऑर्किड के अलावा कुसुम और धवड़ा के पेड़-पौधे आच्छादित किये हैं। बाघ, तेन्दुआ, हिरण, सियार, बन्दर के अलावा चिड़ियों की कई प्रजातियाँ पायी जाती हैं। 1990 ई. की शुरुआत में गडगा नदी के सिद्दु कुण्ड तथा डोलार नदी के हथि कुण्ड में मगरमच्छों को पुनर्स्थापित किया गया था।

‘फॉरेस्ट आउलेट’ का पनाहगाह

‘फॉरेस्ट आउलेट’ छोटे आकार के उल्लुओं की एक संकटग्रस्त एवं भारत की स्थानिक प्रजाति है जो केवल मध्य एवं पश्चिमी भारत के गिने-चुने जंगलों में पायी जाती है। 19वीं सदी के दौरान फॉरेस्ट आउलेट को क़रीब-क़रीब विलुप्त मान लिया गया था, क्योंकि 1884 ई. के बाद इसे पुनः 1997 ई. में ही देखा गया। वर्ष 2000 ई. के बाद इसकी उपस्थिति मेलघाट में भी पाई गयी। ये मुख्यतः सागौन वाले वनों में रहना पसन्द करते हैं। वर्ष 2004 ई. में शोधकर्ता गिरीश जठार के द्वारा मेलघाट के जंगलों में इस प्रजाति के 22 उल्लू देखे गये।[71] उसके बाद से ‘हूहू हूहू हूहू’ याहूहूहूहूहू हूहूहूहूहूहूहू’ की आवाज़ निकालते ये उल्लू मेलघाट की पहचान बन गये हैं। ये मध्य भारत के कुछ और स्थानों पर भी पाए गये हैं, लेकिन मेलघाट इनके लिए सबसे सुरक्षित जगह है। इसी से मिलते-जुलते नाम की एक उल्लू प्रजाति होती है ‘जंगल आउलेट’ जो राजस्थान और देश के कुछ उत्तरी राज्यों को छोड़कर पूरे देश में बहुतायत में पायी जाती है।

जंगल से जुड़ी हैं आदिम जनजतियाँ

कोरकू, गोण्ड आदिम जनजातियों के अलावा निहाल और बलाई जैसी अनुसूचित जातियाँ भी मेलघाट में पायी जाती हैं। गवली पारम्परिक तौर पर पशुओं को पालनेवाली जाति है। मेलघाट के अन्दर तथा आस-पास के गाँवों में मुख्य रूप से कोरकू बसे हैं। इनका सम्बन्ध मुण्डा जनजाति से भी वर्णित है। ‘कोरकू’ के शाब्दिक मतलब के बारे में कई प्रकल्पनाएँ हैं। कुछ लोगों के अनुसार ‘कोरो’ का अर्थ ‘मनुष्य’ होता है और ‘कू’ मतलब बोली। अर्थात्, कोरकू मनुष्यों की बोली को कहते हैं। कुछ विचारकों का मानना है कि ‘कू’ का प्रयोग इस शब्द को बहुवाचक बनाने के लिए किया जाता है; अर्थात् ढेरों मनुष्य। वहीं एक और विचार के अनुसार ‘कोरो’ का मतलब रास्ता और ‘कू’ का मतलब होता है पुरुष अर्थात् वैरो पुरुष

71. Jathar, G. A. and Rahmani, A. R. 2004. Ecological studies on the Forest Owlet *Athene (Heteroglaux) blewitti*. Final Report: BNHS.

जो नस्ली भेद (शायद) के कारण सड़कों पर रहते हों।[72] खैर, इनके नाम का मतलब कुछ भी निकालें, यह एक सच्चाई है कि इस जनजाति के लोगों की रगों में वन-संरक्षण और वन उत्पाद कार्यों की निपुणता शामिल है और ये प्रकृति के क़रीबी जनों में से एक हैं। इनके कुल-चिन्ह में प्रकृति के विभिन्न अवयवों जैसे वृक्षों, पक्षी, मिट्टी, जल आदि का समावेश है। कोरकू के गोत्र के नाम जैसे-जामुनकर, सेमलकर भी वृक्ष आधारित होते हैं।

कोरकू जनजाति के लोग छोटे-मोटे पक्षियों और शाकाहारी पशुओं का शिकार करते हैं। ऐसा वर्णित है कि कोरकू जंगल में मरे हुए पशुओं को अपने आहार में शामिल करते है। कोरकू अपनी जाति से ज़्यादा अपनी भाषा के लिए प्रसिद्ध हैं। कोरकू अपनी उत्पत्ति रावण या महादेव से मानते हैं। आज विश्व की लुप्तप्राय भाषाओं में कोरकू को भी शामिल किया गया है। कोरकू जनजाति के लोगों को पेड़-पौधों के औषधीय गुणों के बारे में अच्छी जानकारी होती है। निहाली और गोण्डी बोलने वाले भी कोरकू जनजातियों के आस-पास रहते हैं।

जल और ज़मीन को अपना सब कुछ माननेवाले आदिवासी समुदाय की परम्पराओं में शामिल 'भवई पूजा' मूलतः अच्छी बारिश की कामना की पूजा है। दस से बारह बरस के बच्चे मेंढक इकट्ठा कर मन्दिर में ले जाते हैं जहाँ पानी में मेढक को उछलने छोड़ देते हैं जिस दिशा में पानी उचकता है उधर से ही पानी बरसने का अनुमान लगाया जाता है। बाद में हर घर के लोग मेंढक को पानी देते हैं। मेंढक और पानी की इस परम्परा में पानी की कामना और जंगल की रक्षा भी शामिल हो गयी।

इको टूरिज्म की कहानी लिखता मेलघाट

प्रकृति को समझाने के लिए उसके क़रीब लोगों को लाने के लिए मेलघाट में कई अभिनव प्रयास किये जा रहे हैं। मेलघाट रिजर्व प्रबन्धन ने वैसे गाँवों एवं स्थानों को भी चिन्हित कर रखा है जहाँ वन्यजीवों को शान्त माहौल प्रदान करने के लिए पर्यटन गतिविधियाँ नहीं की जा सकती हैं।

---

72. Biswas, R. K. 2017. Changing educational Scenario of a scheduled tribe of Madhya Pradesh. International Journal of Multidisciplinary Research and Development. 4(3):250

मेलघाट का एक आदिवासी पुरुष

चिखलदरा से क़रीब 25 कि.मी. पर सेमाडोह में प्रकृति व्याख्यान केन्द्र या नेचर इंटरप्रिटेशन सेंटर बनाया गया है। जंगल को समझने के साथ स्थानीय लोगों के ज्ञान को लोगों के बीच पहुँचाने की यह एक अच्छी पहल है। चिखलदरा मेलघाट ही नहीं बल्कि महाराष्ट्र के विदर्भ क्षेत्र का एक महत्त्वपूर्ण पर्यटन केन्द्र है। यह इस क्षेत्र का अकेला हिल-स्टेशन है जहाँ की प्राकृतिक सुन्दरता झीलों और जलप्रपातों से निखरती है। साथ ही साथ, पर्यटक इसके आस-पास वन्य जीवों का भी आनन्द उठाते हैं। नरनाला किले की तलहटी में अवस्थित शाहनुर पर्यटक परिसर में पर्यटकों के लिए साहसिक खेलों की भी व्यवस्था है।

मेलघाट टाइगर रिजर्व प्रबन्धन अब टाइगर रिजर्व के आस-पास के पर्यटन को इको-पर्यटन के रूप में विकसित करने का प्रयास कर रहा है जिसमें मुख्य तौर पर स्थानीय लोगों की सहभागिता सुनिश्चित करना और बाघ सरक्षण एवं पर्यटन से होने वाले फ़ायदे को उन तक ले जाना है। इको-पर्यटन का दूसरा उद्देश्य है प्रकृति एवं पर्यावरण को पर्यटन से होने वाले नुक़सान एवं कुप्रभावों से मुक्त करना। इको-पर्यटन को बढ़ावा देने के लिए किये जा रहे व्यवस्थित कार्य लोगों को जंगल और आदिवासियों के क़रीब ले जा रहे हैं। चिखलदरा और सेमाडोह पर्यटन कॉम्प्लेक्स के

अलावा मेलघाट की सुन्दरता को बिखेरने वाले कुछ जगह स्मृतियों में बस जाने लायक हैं। भारत में बाघ संरक्षण के जनक कैलाश सांखला अपने कैपिंग के दौरान मेलघाट में जहाँ रुके थे उस अद्वितीय जगह को सांखला प्वाइंट के नाम से जानते हैं। यह ख़ूबसूरत जगह मखाला के पास स्थित है।

डिजिटल टूरिज्म

आईआईटी गोहाटी के एक पूर्ववर्ती छात्र ने मेलघाट के हरिसाल गाँव को पहला डिजिटल गाँव बनाने में मदद की। यह गाँव मेलघाट के बफर क्षेत्र में पड़ता है। एक तरफ़ सिपना नदी, दूसरी तरफ़ पहाड़ियों के बीच में बसा एक ख़ूबसूरत सा गाँव जिसके 1200 घरों में 400 कोरकू आदिवासियों का निवास है। बैलगाड़ी से लेकर आदिवासी गानों की खुशबू लिए यहाँ डिजिटल पर्यटन का विकास किया गया है। सोलर-पैनल से बिजली तो वाईफाई से देश-विदेश से जुड़ाव के साथ-ही-साथ यहाँ जंगल सफारी का आनन्द लिया जा सकता है। यहाँ पर्यटकों को ग्राम जीवन का आनन्द, स्थानीय अनाज से भोजन बनाने से लेकर खाना खाने तक का स्वाद पर्यटकों को उपलब्ध कराया जाता है। इस पर्यटन में पौधे लगाने के भी कार्य होते हैं। कुपोषण से शिकार इस गाँव में व्हाइट स्पेस टेक्नोलॉजी के तहत इंटरनेट के साथ स्वास्थ्य एवं शिक्षा व्यवस्था की गयी है।

मोगलीलैंड और बघिरा के संग : पेंच टाइगर रिजर्व

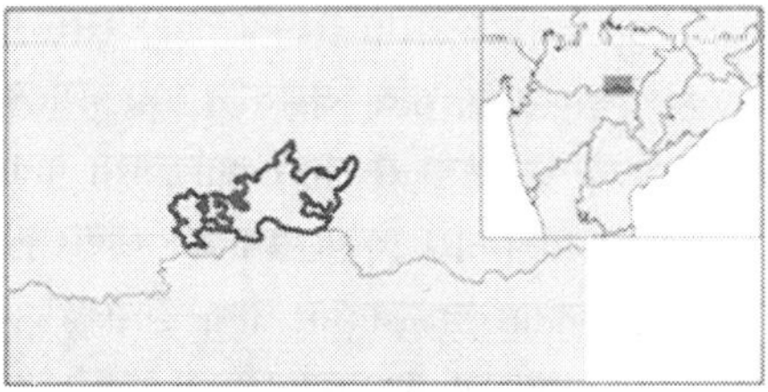

मोगली और बघिरा का नाम लेते ही हम सभी के मन में अपने टी.वी. की एक आवाज़ सुनायी देने लगती है–'*जंगल-जंगल बात चली है पता चला है, चड्डी पहन के फूल खिला है फूल खिला है...।*' नब्बे के दशक में गुलज़ार का लिखा यह गाना हम सबके क़दम ठिठका देता था। आज भी हमारी आँखों के सामने नदी, पहाड़, हरियाली के साथ मोगली की तस्वीरें सामने आने लगती हैं। मोगली केवल नोबल विजेता रुडयार्ड किपलिंग की परिकल्पना नहीं एक वास्तविकता है। वन्यजीव विशेषज्ञों के अनुसार जंगल बुक के मुख्य क़िरदार मोगली का सम्बन्ध मध्य प्रदेश के सिवनी और छिन्दवाड़ा ज़िले में स्थित पेंच टाइगर रिजर्व से है।

मोगली की कहानी

कहा जाता है कि जंगल बुक का हीरो मोगली यही रहता था। ब्रिटिश शासन के अंग्रेज़ अधिकारी कर्नल सर विलियम हैनरी स्लीमन ने लिखा था कि–'सिवनी के सन्तबावड़ी गाँव में एक बालक पकड़ा गया था। जो इसी क्षेत्र के जंगली भेड़ियों के साथ गुफ़ाओं में रहता था। उसे जंगल में भेड़ियों का एक दल पालता था। शिकार पर निकले कुछ शिकारियों को जंगल में एक बेहद अजीब मन्ज़र दिखायी दिया। उन्होंने देखा कि एक भेड़िये के

झुण्ड के आगे एक बच्चा तेज़ी से दौड़ रहा था। वह दौड़ने में अपने हाथों और पैरों दोनों का इस्तेमाल कर रहा था। किसी को नहीं पता था कि यह बच्चा जंगल में कैसे आया? लेकिन उसे देखकर लग रहा था कि उसे भेड़ियों ने ही पाला-पोसा है। जंगल में गये शिकारियों ने उसे अगवा करने की सोची ताकि वे उसे मनुष्यों के बीच ले जा सकें। शिकारियों ने उसका पीछा किया। वह जंगली बच्चा एक भेड़िये के साथ किसी गुफ़ा में जाकर छिप गया। शिकारियों ने भेड़िये को मारकर बच्चे को अगवा कर लिया।

कुछ रिपोर्टों के अनुसार, उस बच्चे को आगरा के एक अनाथालय में रखा गया। उसका नाम दीना सनीचर रखा गया। दीना को उस नयी ज़िन्दगी को अपनाने में बड़ी दिक़्क़तों का सामना करना पड़ा। दीना बहुत कम खाना खाता था। उसके दाँत कच्चा मांस खा-खाकर नुकीले हो गये थे। उसे कपड़े पहनना बिलकुल पसन्द नहीं था। इन्सानों के बीच बीती पूरी ज़िन्दगी में दीना कभी बोलना नहीं सीख पाया। वह काफ़ी कोशिशों के बाद कुछ ही शब्द बोल पाता था। अनाथालय के लोग भी दीना के साथ अच्छा व्यवहार करते थे। लोगों की मदद से दीना इन्सानों की तरह रहना सीखने लगा था। अब वह अपने पैरों पर चलने लगा था। दीना को अब पकाया हुआ खाना पसन्द आने लगा था। उसने कपड़े पहनना भी सीखा, लेकिन इसके बावजूद उसका इन्सानों से रिश्ता नहीं बन पाया। दीना ने इन्सानों की केवल एक आदत अपनायी और वो थी धूम्रपान। दीना बहुत धूम्रपान करने लगा और कम ही उम्र में टीबी (क्षय रोग) से ग्रसित होने से उसकी मौत हो गयी।

जंगल बुक के लेखक रुडयार्ड किपलिंग ने जिन भौगोलिक स्थितियों-बैनगंगा नदी, उसके कछारों तथा पहाड़ियों की चर्चा की थी वे सभी वास्तव में इस क्षेत्र की भौगोलिक स्थितियों से पूरी तरह मेल खाती हैं। रुडयार्ड किपलिंग को सन् 1907 ई. में उनके साहित्य के क्षेत्र में उल्लेखनीय कार्य के लिए नोबल पुरस्कार से नवाज़ा गया था। किपलिंग ने मोगली के जीवन को कागज़ पर उतारा था।

कहा जाता है कि किपलिंग को एक बार भारत भ्रमण के दौरान इस देश के जंगलों में सैर का मौका मिला। उसी समय एक फॉरेस्ट रेंजर गिसबार्न ने रुडयार्ड किपलिंग को एक बालक के शिकार करने की क्षमताओं के बारे में बताया। जंगली जानवरों के बीच लालन-पालन होने के कारण उस बालक में यह गुण विकसित हुआ था। यहीं से किपलिंग

को जंगली खूँखार जानवरों के बीच रहने वाले उस बालक के बारे में लिखने की प्रेरणा मिली। किपलिंग की इस किताब में मोगली के सहयोगी मित्रों और बुजुर्गों के तौर पर चमेली, भालू, साँप, अकड़ू-पकड़ू, खूँखार शेरखान आदि को भी बख़ूबी स्थान दिया गया है।

पेंच की धरती और बासिंदे

इस मोगली के बारे में उसकी ख़ासियतें पहचानी तो एक अंग्रेज़ लेखक ने और इसे फिल्माने का काम किया जापान ने। जापान में सिवनी के इस बालक के कारनामों के बारे में 1989 ई. में एक 52 एपिसोड वाला सीरियल तैयार किया गया था। 'द जंगल बुक शोनेन मोगली' नाम से बनाए गये इस एनिमेटेड टी.वी. सीरियल को जब प्रसारित किया गया, तो जापान का हर आदमी मोगली का दीवाना बन गया था।

जब भारत को यह पता चला कि उसके देश की इस नायाब कथा को जापान में सराहा जा रहा है, तो भारत में इसके प्रसारण का मन बनाया गया। एक साल बाद 1990 ई. में इसी जापानी सीरियल 'द जंगल बुक ऑफ शोनेन मोगली' को हिन्दी में डब करवाया गया और फिर इस कार्टून सीरियल 'द जंगल बुक' को दूरदर्शन पर प्रसारित किया गया।

मध्य प्रदेश सरकार इसी जंगल में हर साल बच्चों में पर्यावरण और प्रदेश में उपलब्ध जैव विविधता के प्रति जागरूकता बढ़ाने के लिए तीन दिवसीय मोगली उत्सव का आयोजन करती है। उत्सव के दौरान इन बच्चों को जंगल एवं पहाड़ों की रोमांचक सैर, सफारी का आनन्द और वन ग्रामों के जीवन से परिचित कराया जाता है।

1894 ई. में लिखी गयी जंगल बुक के बाद 1895 ई. में आई रुडयार्ड किपलिंग की 'द सेकंड जंगल बुक' भी काफ़ी पसन्द की गयी। जंगल बुक को लेकर दुनियाभर में ढेर सारी कॉमिक्स, वीडियो/कम्प्यूटर गेम, कार्टून फिल्में, एनिमेशन फ़िल्में और फ़ीचर फ़िल्में बनाई गयीं हैं। वॉल्ट डिज्नी स्टूडियो ने 1967 ई. में इस पर आधारित एक एनिमेशन फ़िल्म बनायी थी और उसने सफलता के तमाम रिकॉर्ड तोड़ दिये थे। इसके बाद वॉल्ट डिज्नी स्टूडियो ने 1990 ई. में जंगल बुक के पात्रों को लेकर टेलस्पिन नामक एनिमेशन श्रृंखला शुरू की थी।

जैव-विविधता से भरा-पूरा संसार

पेंच टाइगर रिजर्व के वन क्षेत्रों का गौरवशाली इतिहास रहा है। इसके प्राकृतिक सौन्दर्य एवं समृद्धि का वर्णन अबुलफज़ल के आइने-अक़बरी एवं अन्य कई प्राकृतिक इतिहास की पुस्तकें जैसे आर.ए. स्टर्नडेल की 'सिवनी: कैम्प लाइफ इन द सतपुड़ा', फोर्सेथ की 'हाई लैण्डस ऑफ सेन्ट्रल इंडिया', डनबार ब्रेन्डर की 'वाइल्ड एनीमल्स ऑफ सेन्ट्रल इंडिया' में है। स्टर्नडेल की आत्मकथा जैसी किताब 'सिवनी: कैम्प लाइफ इन द सतपुड़ा' रूडियार्ड किपलिंग की 'द जंगल बुक' लिखने में मुख्य प्रेरणा स्त्रोत थी।

वर्ष 1977 ई. में 449 वर्ग कि.मी. वन क्षेत्र को पेंच अभ्यारण्य क्षेत्र घोषित किया गया था। वर्ष 1983 ई. में इसमें से 293 वर्ग कि.मी. क्षेत्र को पेंच राष्ट्रीय उद्यान बनाया गया था। 118 वर्ग कि.मी. क्षेत्र पेंच अभ्यारण्य के रूप में रखा गया। 1992 ई. में पेंच देश का 19वां प्रोजेक्ट टाइगर रिजर्व बनाया गया। वर्ष 2002 ई. में पेंच राष्ट्रीय उद्यान एवं पेंच अभ्यारण्य का नाम क्रमशः इन्दिरा प्रियदर्शिनी पेंच राष्ट्रीय उद्यान एवं पेंच मोगली अभ्यारण्य रखा गया। वर्तमान में राष्ट्रीय उद्यान और अभ्यारण्य का

तोतलाडोह के किनारे गौर

411 वर्ग. कि.मी. क्षेत्र पेंच टाइगर रिजर्व का कोर क्षेत्र है जबकि बफर क्षेत्र 768 वर्ग कि.मी. में फैला हुआ है। इस प्रकार पेंच टाइगर रिजर्व का क्षेत्रफल क़रीब 1180 वर्ग कि.मी. है।

पेंच जल-विद्युत परियोजना के अन्तर्गत वर्ष 1973 ई. से 1988 ई. के मध्य पेंच नदी पर महाराष्ट्र के नागपुर जिले में रामटेक के पास तोतलाडोह डैम का निर्माण किया गया। क़रीब 74 वर्ग. कि.मी. में फैला तोतलाडोह जलाशय इस परियोजना का अभिन्न अंग है। जलाशय का विस्तार मध्य प्रदेश के पेंच एवं इससे सटे महाराष्ट्र के पेंच अभ्यारण्य तक है। इस जलाशय का क़रीब 55 वर्ग कि.मी. क्षेत्र मध्य प्रदेश में है। इस जलाशय के डूब क्षेत्र में पहले सागौन वन हुआ करते थे। यह जलाशय यहाँ के वन्यजीवों के लिए वरदान साबित हुआ। घने वन एवं जलाशय के बीच के क्षेत्र में हरी-हरी मुलायम घासों की बहुतायत होती है जिस कारण यहाँ चीतल, गौर, जंगली सूअरों आदि वन्यजीवों की भरमार रहती है। हालाँकि इस जलाशय में स्थानीय एवं सुदूर क्षेत्र के लोगों के द्वारा मछलियों का अवैध शिकार यहाँ के प्रबन्धन के लिए लम्बे समय तक सिरदर्द बना रहा।

दोनों राज्यों के संगठित प्रयासों से इस समस्या पर क़रीब-क़रीब निजात पा ली गयी है। टाइगर रिजर्व की भौगोलिक संरचना ऊबड़-खाबड़, पहाड़ी एवं समतल क्षेत्रों से मिलकर बनी है। जिनमें अनेक नदी, नाले एवं झरने हैं। यहाँ के अधिकांश जल स्त्रोत मौसमी हैं। अधिकांश पहाड़ियाँ ऊपर से समतल हैं जहाँ से जंगलों के मनोहारी दृश्य दिखायी देते हैं। इन पहाड़ियों में से सबसे चर्चित 'काला पहाड़' है, जिसकी ऊँचाई समुद्र सतह से 650 मीटर है। पेंच टाइगर रिजर्व के बीचोंबीच बहने वाली पेंच नदी भी अप्रैल माह के अन्त तक लगभग सूख जाती है। किन्तु इसमें पानी के कई बड़े-बड़े कुण्ड मिलते हैं, जो वन्यप्राणियों के लिए महत्त्वपूर्ण जल स्त्रोत हैं। इस क्षेत्र में कुछ बारहमासी झरने भी हैं। किन्तु जल स्रोत बराबर रूप से वितरित नहीं है, इसलिए वन्यजीवों के लिए पर्याप्त मात्रा में जलापूर्ति के लिए व्यवस्थायें की गयीं हैं। तोतलाडोह जलाशय गर्मी के मौसम में वन्यजीवों के लिए एक प्रमुख जल स्त्रोत है। शुष्क मिश्रित वन संरक्षित क्षेत्र के लगभग एक तिहाई क्षेत्रफल में फैला हुआ है। जिसकी मुख्य प्रजातियाँ धावड़ा, सलई, अचार, मोयन, साजा, तेन्दू इत्यादि हैं। नदी नालों के किनारे कहुआ (अर्जुन), जामुन, गूलर, आईक्ज़ोरा और साजा आदि पायी जाती हैं। पुराने ग्रामों के विस्थापित क्षेत्रों के खुले वनों में महुआ, पलाश, बेर, तेन्दु इत्यादि के पेड़ इधर-उधर बिखरे हुए पाये जाते हैं। लगभग एक चौथाई क्षेत्र में सागौन वन पाये जाते हैं। कुछ मिश्रित एवं सागौन वनों में बाँस भी पाया जाता हैं।

अधिकांश भागों में पर्याप्त क्षेत्र में घास पायी जाती है। जो शाकाहारी वन्यप्राणियों विशेष रूप से चीतल के लिए उपयुक्त रहवास है। पेंच उद्यान में मध्यम एवं बड़े आकार के शाकाहारी वन्य प्राणियों का घनत्व क़रीब 90 प्रति वर्ग कि.मी. है जो कर्नाटक के नागरहोल टाइगर रिजर्व के बाद देश में दूसरे स्थान पर है। यहाँ जंगली शाकाहारी प्राणियों की चराई से घास के मैदानों को तार की जाली से घेर कर सुरक्षित रखा जाता है ताकि घासों को पूरी तरह पनपने का मौक़ा मिले और फिर जाली को हटाकर किसी दूसरी जगह पर लगा दिया जाता है। इस चक्रीय चराई प्रबन्धन विधि के कारण घास के मैदान संरक्षित रहते हैं।

मांसाहारी वन्यप्राणियों में बाघ, तेन्दुआ, जंगली बिल्ली, जंगली कुत्ता, लकड़बग्घा, सियार, लोमड़ी, भेड़िया, नेवला, सिवेट इत्यादि पाये जाते हैं।

शाकाहारी प्रजातियों में गौर, नीलगाय, साम्बर, चीतल, चौसिंगा, चिंकारा, जंगली सूअर इत्यादि प्रमुख है। जंगली कुत्ते और गौर यहाँ बड़ी आसानी से दिखायी देते हैं। यहाँ कभी एशियाई चीता और बारासिंघा भी पाये जाते थे जो स्थानीय तौर पर विलुप्त हो गये। 1964 ई. में पालतू पशुओं के संक्रमण से होने वाली रिंडरपेस्ट नामक संक्रामक बीमारी के कारण यहाँ भारी संख्या में गौर काल के गाल में समा गये थे।

पेंच में शिकार की तलाश में तेंदुआ

इस टाइगर रिजर्व में लगभग 325 प्रजातियों के पक्षी भी वर्ष के विभिन्न मौसमों में देखे जा सकते हैं। पार्क की सीमा के अन्दर स्थित तोतलाडोह जलाशय के डूब क्षेत्रों एवं अन्य छोटी-छोटी आर्द्र-भूमियों में ठण्ड के मौसम में कई प्रकार के प्रवासी पक्षियों का जमघट लगा रहता है। प्रवासी पक्षियों में ब्राम्हिनी डक, पिनटेल, वैगटेल इत्यादि प्रमुख हैं। जलाशय के बीच-बीच में छोटे-बड़े टापूओं पर ज़मीन पर घोंसला बनाने वाले पक्षियों का मेला लगा रहता है। इनमें रिवर टर्न, स्मॉल प्रेटीन्कोल, लिटल टर्न आदि प्रमुख हैं। यही नहीं, यहाँ विलुप्तप्राय गिद्धों की भी कई

प्रजातियाँ पायी जाती हैं। पक्षियों के लिए स्वर्ग पेंच टाइगर रिजर्व एक I.B.A. (इम्पोर्टेन्ट बर्ड एरिया) भी है।

जूलॉजिकल सर्वे ऑफ इंडिया के सर्वेक्षण रिपोर्ट के अनुसार इस संरक्षित क्षेत्र में लगभग 57 प्रजाति के स्तनधारी, 13 प्रकार के उभयचर, 37 प्रकार के सरीसृप एवं 50 प्रकार की मछलियाँ मिलती हैं। सफ़ेद मुसली, काली मुसली, जंगली हल्दी, सतावर, गिलोय, ऐठी, आँवला, बेल, बहेड़ा एवं अन्य कई प्रजातियों के बहुमूल्य औषधीय पौधे इस वन में पाये जाते हैं। प्राकृतिक ईकोसिस्टम में विभिन्न प्रजातियों के घास एक महत्त्वपूर्ण भूमिका निभाते हैं। इस वन क्षेत्र में लगभग 82 प्रकार की घास प्रजातियाँ पायी जाती हैं। कई क्षेत्रों जैसे काला पहाड़, बाँस नाला, मन्नू तालाब, बोदा नाला इत्यादि में बाँस भी पाये जाते हैं।

वन्यप्राणियों को पेयजल उपलब्ध कराने हेतु प्राकृतिक जल स्त्रोत जैसे नदी, नाले, झिरिया, डोह, कस्सा इत्यादि के साथ-साथ छोटे-बड़े मिट्टी के बाँध, डाईक, स्टॉपडेम, हैंडपम्प, सॉसर आदि विकसित किये गये हैं। पेंच के कोर क्षेत्र के अन्दर वर्तमान में कोई गाँव अस्तित्व में नहीं है। उद्यान के गठन के समय इसके अन्दर आठ ग्राम थे। इन गाँवों में से छह का विस्थापन तोतलाडोह अथवा मेघदूत परियोजना के डूब क्षेत्र में आने के कारण किया गया था जबकि दो अन्य गाँवों-छेदिया और अलीकट्टा का विस्थापन राष्ट्रीय उद्यान के कारण 1992 ई. से 1994 ई. के दौरान किया गया। विस्थापन के बाद दो बड़े घास के मैदान विकसित किये गये हैं, जहाँ शाकाहारी प्राणियों का जमावड़ा लगा रहता है।

लैंटाना की झाड़ियाँ यहाँ कई क्षेत्रों में परेशानी का सबब बन गयी हैं। इसके कारण स्थानीय वनस्पतियों को काफ़ी नुक़सान हुआ है। हालाँकि, लैंटाना के क्षेत्र शाकाहारी एवं मांसाहारी वन्य प्राणियों को छुपने का स्थान देते हैं तथा इन्हें यहाँ रहने का अनाधिकारिक परमिट जैसा दे दिया गया है, क्योंकि इनको हटाना कुछ मुश्किल है। पेंच नदी के क्षेत्र में प्राकृतिक गुफ़ाएँ भी मौजूद हैं।

भरोसेमन्द माँ व पेंच की क्वीन : कॉलरवाली

दुनिया में घटती बाघों की आबादी भले ही चिन्ता का विषय हो, लेकिन मध्य प्रदेश का पेंच टाइगर रिजर्व इसका अपवाद है। पेंच नेशनल पार्क में 2011 ई. में बाघों की संख्या घटकर 25 रह गयी थी। पिछले 8 सालों में यहाँ वयस्क बाघों की संख्या बढ़कर क़रीब दोगुनी हो गयी है।

यहाँ दर्जनों ब्रीडिंग बाघिन की मौजूदगी है, जिनके शावकों से पेंच का जंगल एक बार फिर विशिष्ट हो गया है। सबसे ज़्यादा शावकों को जन्म देने वाली पेंच की सुपर मॉम 'कॉलरवाली' बाघिन पर पूरे विश्व की निगाहें थी। इस बाघिन के अध्ययन के लिए इसे रेडियो-कॉलर लगाया गया था जिस कारण इसका नाम ही कॉलरवाली रख दिया गया। अगर यूँ कहें कि कॉलरवाली ख़ानदानी सेलीब्रिटी है तो अतिशयोक्ति नहीं होगी। कॉलरवाली उसी 'बड़ी मादा' की बेटी थी जो बीबीसी की प्रसिद्ध डॉक्युमेंट्री 'स्पाई इन द जंगल' में अपने चार शावकों के साथ दिखायी गयी थी। कॉलरवाली उन्हीं चार शावकों में से एक थी। कॉलरवाली के पिता भी पर्यटकों के बीच 'चार्जर ऑफ़ पेंच' के नाम से मशहूर थे। वस्तुतः मध्य प्रदेश के बाँधवगढ़ टाइगर रिजर्व में एक बाघ पर्यटकों की सफारी जिप्सी पर आक्रामक रुख़ दिखाता था। जिस कारण पर्यटकों ने उसे चार्जर नाम दिया था। कॉलरवाली के पिता का भी ऐसा ही व्यवहार था। अपने 16 वसंत देख चुकी इस बाघिन ने 15 जनवरी 2022 ई. को अपनी आखिरी साँस ली। कॉलरवाली ने 29 बाघों को जन्म देकर नया कीर्तिमान बनाया। रणथम्भौर की मशहूर 'मछली' बाघिन की 20 साल की उम्र में मौत के बाद देश व दुनिया के बाघ प्रेमियों की नज़रें कॉलरवाली पर टिकी हुई थी।

बाघिन की औसत उम्र 14-15 वर्ष मानी जाती है अर्थात् कॉलरवाली ने औसत से ज्यादा जीवन जीया। हालाँकि, मई 2008 ई. में पहली बार जने तीन बच्चों की वह ठीक से परवरिश नहीं कर पायी, लेकिन बाद में वह एक सफल माँ बनी। नन्हें शावकों को ताकतवर नर बाघ से बचाकर वयस्क होने तक उनकी देखभाल करने वाली कॉलरवाली बाघिन को वन्यजीव विशेषज्ञ भरोसेमन्द 'माँ' मानते थे। कॉलरवाली 'पेंच की क्वीन'

के नाम से भी पर्यटकों के बीच प्रचलित थी।[73] 25 में से 21 शावक वयस्क होने तक इस बाघिन के साथ रहे हैं। दिसम्बर 2018 ई. में इसने आठवीं और अंतिम बार 4 शावक जन्म दिये थे।

पेंच टाइगर रिजर्व में प्रबन्धन

पेंच टाइगर रिजर्व को अच्छे प्रबन्धन के लिए जाना जाता है। भारत सरकार द्वारा कराये जाने वाले प्रबन्धन मूल्याँकन में यह पिछले कुछ सालों से अव्वल आ रहा है। इसे वन्यजीव अधिवास प्रबन्धन एवं सुरक्षा के लिए किये जाने वाले अभिनव प्रयोगों के लिए जाना जाता है।[74] इसके प्रबन्धन द्वारा वन्यजीवों की सुरक्षा और शिकारियों पर नियन्त्रण रखने के लिए एक नया क़दम उठाया गया है जो पेंच प्रबन्धन के लिए बहुत ही लाभप्रद सिद्ध हो रहा है। चरवाहों को जंगल के नये पहरेदार के तौर पर तैयार किया गया है। चरवाहे वनों के आस-पास, ख़ासकर बफर जोन में, अपने मवेशियों को चराते हैं, जिस कारण उन्हें वहाँ मानवीय एवं वन्यजीवों की गतिविधियों के बारे में पता होता है। किसी भी वन एवं वन्यजीव अपराध के होने पर चरवाहे इसके बारे में प्रबन्धन को सूचित करते हैं। इन्हें वनमित्र के नाम से जाना जाता है। ये रिजर्व प्रबन्धन को बाघों की चहलक़दमी की जानकारी से लेकर बाघिन द्वारा शावक को जन्म देने की सूचना, किसी तरह की दुर्घटना या किसी जन्तु के होने वाले शिकार तक की सूचना देते हैं। कई सारे खुलासे ये चरवाहे करते हैं इस कारण प्रबन्धन ने इन्हें सूचना तन्त्र में शामिल किया है।

---

73. Majumder, A., Sankar. K. and Naik, K. 2013. Collarwali: An Insight into the Secret Family Life of a Remarkable Pench Tigress, Sanctaury Asia, August 2013 issues, pp. 76-81.

74. Mathur, V. B., Nayak, A. K. and Ansari, N. A. 2019. Fourth cycle of Management Effectiveness Evaluation of Tiger Reserves in India, 2018, National Tiger Cosnervation Authority and Wildlife Institute of India, MoEF&CC, Govt. of India.

भूरसिंह-द-बारासिंघा : कान्हा टाइगर रिजर्व

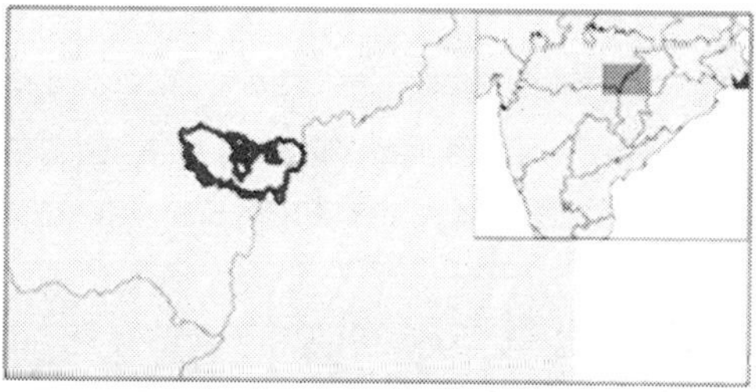

कान्हा नाम सुनते ही मनमोहक और विराट कृष्ण की छवि हमारी आँखों के सामने उभर कर आती है। वृन्दावन के कान्हा की लीलाएँ हमारे चित्त को चंचल कर देती हैं, लेकिन, बाघों की धरती-कान्हा के नाम के पीछे न किसी कृष्ण की कहानी है ना ही वृन्दावन के जंगल की। स्थानीय भाषा में वहाँ की माटी को कनहार नाम से जाना जाता है। कनहार की चिकनी माटी के लोगों ने एक मान्यता बनायी कि कन्वा नाम के सिद्ध पुरुष के नाम पर कान्हा नाम पड़ा। मान्यता है कि कन्वा शकुन्तला के पिता थे। वही शकुन्तला जिसकी पुरुवंशी राजा दुष्यन्त से गन्धर्व विवाह और ऋषि दुर्वासा के दिये श्रापवश वियोग और पुनः संयोग की चर्चा कवि कालिदास ने अभिज्ञानशाकुन्तलम में की है; जिसमें वर्णित मनोरम दृश्य कान्हा के वनों के ही हैं। माना जाता है कि रुडयार्ड किपलिंग ने जंगल बुक में पेंच के साथ कान्हा के प्राकृतिक परिदृश्यों को भी अपनी लेखनी से समेटा है। सतपुड़ा रेंज के मैकाल पहाड़ियों में स्थित इस जंगल में बंजर और हालोन दो प्रमुख नदियों की घाटियाँ हैं। कान्हा को सिर्फ भारत ही नहीं बल्कि एशिया के महत्त्वपूर्ण वन्यजीव क्षेत्र के रूप में जाना जाता है।

हरियाली का इतिहास

यहाँ की हरियाली अपने हरेपन के मीठे अतीत के साथ जीती है। जिस अतीत की कानाफूसी अपने आप में आज दबकर रह गयी। चिकनी मिट्टी के साथ पत्थरों से घिरे इस धरती को भू-गर्भ विज्ञानी गोण्डवाना लैंड अर्थात् गोण्ड की धरती के नाम से जानते हैं। यह भूमि बैगा और गोण्ड

कान्हा में सूर्योदय

जनजातियों की रही है। इन दोनों आदिम जनजातियों की महक कान्हा के रोम- रोम में थी। बैगा आज लुप्तप्राय जनजातियों में गिने जाते हैं। उन्होंने धरती पर हल चलाने को पाप समझा। अपनी माँ यानी धरती की छाती पर हल चलाना उनके लिए सम्भव नहीं था। हालाँकि उनके द्वारा बेवर पद्धति से खेती की जाती थी जो एक प्रकार की झूम प्रणाली ही है। उन्नीसवीं सदी की शुरुआत के पहले गोण्ड राजाओं ने इस जंगल को अपनी परम्पराओं और क्षमता के अनुसार पाला-पोसा।

बाद में अंग्रेजों ने इस जंगल को अपना शिकारगाह बनाया, इसकी इमारती लकड़ियाँ काटी जाने लगी। 1862 ई. से 1870 ई. के बीच अनगिनत

साल के पेड़ रेलवे स्लीपर के लिए बलि चढ़े। 1862 ई. में ऊसर भूमि नियमावली बनने के बाद वन प्रबन्धन की शुरुआत हुई और जंगल में हो रही अन्धाधुन्ध कटाई को देखते हुए साल, शीशम, साजा, बिजा आदि प्रजाति के वृक्षों के पातन पर पाबन्दी लगा दी गयी और इनकी कटाई के लिए पूर्व सूचना देने के साथ अनुमति लेना आवश्यक था। 1865 ई. में बंजर घाटी और अन्य छोटे-छोटे वन-खण्डों को आरक्षित वन या रिजर्व फॉरेस्ट घोषित करने के पीछे मुख्य मन्शा थी यहाँ के साल वनों को तत्कालीन आधुनिक लकड़हारों से बचा लेना। 1878 ई. में भारतीय वन अधिनियम लागू होने के बाद 1879 ई. में सम्पूर्ण वर्तमान कान्हा को रिजर्व फॉरेस्ट घोषित कर दिया गया। कैप्टन जेम्स फोर्सिथ ने 1889 ई. में प्रकाशित अपनी किताब 'द हाइलैंड्स ऑफ सेंट्रल इंडिया' में मण्डला की जिन कहानियों को परोसा है वे वस्तुतः कान्हा के जंगलों की ही कहानियाँ हैं। 1880 ई. में रुडयार्ड किपलिंग ने अपनी जंगल बुक में इस जंगल को जगह दी तो ए.ए. डनबार की किताब 'वाइल्डलाइफ ऑफ सेंट्रल इंडिया' में एक प्रकृतिवादी के चश्मे से कान्हा क्षेत्र के जंगलों को कलमबद्ध किया।

बंजर घाटी के 233 वर्ग कि.मी. को 1933 ई. में वाइल्डलाइफ सैंक्चुअरी घोषित किया गया। जबकि हालोन घाटी को 1935 ई. में सैंक्चुअरी का दर्ज़ा मिला। आँकड़े बताते हैं कि आज़ादी के बाद 1947 ई. से 1951 ई. के दौरान विजयनगरम् के राजा ने यहाँ तीस बाघों का शिकार किया था। यहाँ की दशा-दुर्दशा को देखते हुए 1955 ई. में बंजर घाटी में क़रीब 253 वर्ग कि. मी. को कान्हा नेशनल पार्क की संज्ञा दी गयी। फिर 1973 ई. में इसे टाइगर रिजर्व बनाया गया। इस टाइगर रिजर्व ने वन्यजीव प्रबन्धन के कई पुरोधाओं को देश को दिया और वैज्ञानिक रूप से वन्यजीव प्रबन्धन की परम्परा को जन्म दिया। कान्हा ने वन्यजीवों के अधिवास की बेहतरी के लिए कई गाँवों के विस्थापन और पुनर्वसन प्रक्रिया को अमली जामा पहनाया। नतीजतन, इसने सही मायने में विलुप्त होती कई प्रजातियों के लिए आश्रयणी का काम किया।

टाइगर रिजर्व

कान्हा मध्य प्रदेश के मण्डला और बालाघाट ज़िले में स्थित है। इस टाइगर रिजर्व का विस्तार 2051 वर्ग कि.मी. में है जिसमें कोर क्षेत्र 917 वर्ग कि.मी. है।

तीन सौ से अधिक प्रजातियों की पक्षियों की चहचहाहट से गूँजते कान्हा के कोर क्षेत्र मुख्यतः हालोन और बंजर घाटियों में अवस्थित हैं। हालोन और बंजर घाटियों को अलग करता है भैसान घाट का उभार या पर्वत पृष्ठ। अगर नक्शे पर देखें तो यह कान्हा टाइगर रिजर्व के भू-परिदृश्य में सबसे सँकरा स्थान है। कान्हा का कोर क्षेत्र घोड़े के नाल से मिलते-जुलते आकार में फैला हुआ है। कान्हा में चार कोर जोन हैं- कान्हा, किसली, मुक्की और सरही। इन चारों में से किसी में भी बाघों के दर्शन हो जाते हैं।

बंजर और हालोन नदी

हालोन और बंजर नदियाँ कान्हा की जीवन रेखाएँ हैं। दोनों नदियाँ इस जंगल के कोर और बफर जोन को ज़िन्दा रखी हैं। इनकी बहती धार में बाघ, बारासिंघा, भालू, तेन्दुआ, जंगली कुत्ते अपनी प्यास बुझाते हैं। नदी में कहीं पानी दिखता है तो कहीं सूखी दिखती यह नदी चिन्तित करती है। लेकिन बंजर नदी ने एक अभूतपूर्व गुण समेटा है; ऊपर से सूखी इस नदी के दो फीट नीचे ही पानी की मीठी धार मिल सकती है। ये दोनों नदियाँ नर्मदा की शाखाएँ हैं जो मण्डला और बालाघाट ज़िले में बहती हैं। बंजर नाम देने वालों ने यह नहीं सोचा कि इस नदी ने हज़ारों साल के वृक्षों को जीवन दिया है। बंजर के गर्भ से एक छोटी-सी शाखा निकलती है जिसे सुलकुम (सुर्पण) नदी कहते हैं और स्थानीय लोग नल्लाह नाम से पुकारते हैं। बंजर घाटी में बाघों के भोजन वाले जीव हालोन घाटी की तुलना में अधिक मिलते हैं। इस कारण बंजर घाटी बाघों की पसन्दीदा जगह है।

भूरसिंहः द बारासिंघा

किसी थ्रिलर की तरह यह नाम कान्हा टाइगर रिजर्व का शुभंकर है। इस तरह कान्हा टाइगर रिजर्व सरकारी शुभंकर हासिल करनेवाला देश का पहला टाइगर रिजर्व है। शुभकर बनाने का यह क़दम विलुप्ति के कगार पर जा रही प्रजातियों को बचाने के लिए जागरूकता फैलाने का अभियान है। बारासिंघा मध्य प्रदेश का राज्य पशु है तथा कान्हा का प्रतिनिधित्व करता है। हिरण कुल के इस जीव के श्रृंगाभ (जो कि सींग से अलग होते हैं)

में कुल बारह नुकीली शाखें होती हैं। बताते चलें कि ये श्रृंगाभ सिर्फ नर हिरणों में ही पाये जाते हैं। व्यस्क नर बारासिंघा में सामान्यतया 10 से लेकर 14 तक तथा अपवादस्वरूप 20 शाखाएँ भी होती हैं। देश में बारासिंघा की तीन उप-प्रजातियाँ पायी जाती हैं–मध्य भारत में कान्हा में कठोर ज़मीन वाले बारासिंघे पलते-बढ़ते हैं। इन्हें हार्ड ग्राउंड बारासिंघा, मध्य भारतीय बारासिंघा या ब्रांडेरी बारासिंघा भी कहते हैं। इस उप-प्रजाति का नाम एक ब्रिटिश वन अधिकारी ए. ए. डनबार ब्रांडर के नाम पर रखा गया है जिन्होंने क़रीब दो दशक तक मध्य भारत में पदस्थापित रहते हुए मुख्यतः कान्हा क्षेत्र में अपनी सेवाएँ दीं तथा 1923 ई. में 'वाइल्ड एनिमल्स ऑफ सेन्ट्रल इंडिया' नाम की पुस्तक लिखी। इस बारासिंघे की बात करें तो यह अन्य दो उप-प्रजातियों से रहन-सहन में भिन्न होता है। अन्य दो प्रजातियाँ जो मुख्यतः भारत में उत्तर-प्रदेश के हिमालय की तराई एवं ब्रह्मपुत्र नदी के मैदानी इलाक़ों ख़ासकर काजीरंगा नेशनल पार्क और मानस नेशनल पार्क में पायी जाती हैं जहाँ इनका मुख्य रहवास आर्द्र भूमि होती है। इससे अलग कान्हा के ब्रांडेरी बारासिंघों को प्रकृति ने साल-वन एवं घास के मैदानों में जीवन जीने के लिए अनुकूलित कर दिया है। हालाँकि, छोटे-छोटे जलमग्न क्षेत्र इनके अधिवास के अभिन्न अंग होते हैं। हिरण की यह प्रजाति सिर्फ भारतीय उपमहाद्वीप में पायी जाती है। पाकिस्तान और बांग्लादेश में इसकी आबादी विनष्ट हो चुकी है।

बाघों की अच्छी-ख़ासी जनसंख्या होने के बावजूद कान्हा को इस हिरण के लिए ख़ास रूप से जाना जाता है। यह कान्हा का गहना है। 1970 ई. के दशक में कान्हा के सौंफ के मैदान में 70 से भी कम बचे इस अनूठे हिरण को संरक्षण के प्रयासों से आज 800 तक पहुँचा दिया है।[75] कान्हा ने इसे विलुप्ति के मुँह से न सिर्फ़ निकाला बल्कि इनके पुनर्स्थापन के प्रयासों से अब कान्हा के बारासिंघे को मध्य भारत के अन्य अधिवासों में भी नयी ज़िन्दगी दी जा रही है। ये मुख्यतः कान्हा के मुक्की, सरही और कान्हा रेंज में पाये जाते हैं तथा मौसम के हिसाब से एक घास के मैदान

75. https://www.downtoearth.org.in/news/wildlife-biodiversity/near-extinct-hard-ground-swamp-deer-see-revival-in-kanha-69603

से दूसरे मैदान में आते-जाते रहते हैं। गाँवों के विस्थापन नें कान्हा के भीतर कई बड़े-छोटे घास के मैदानों को जन्म दिया जिससे इन बारासिंघों को एक नयी ज़िन्दगी मिली। हाल के वर्षों में इन्हें मध्यप्रदेश के ही सतपुड़ा टाइगर रिजर्व में बसाया गया है।

बांडेरी बारासिंघे

कान्हा के दादर

कान्हा भू-परिदृश्य में दादर सबसे महत्त्वपूर्ण भौगोलिक आकृतियाँ हैं। इस क्षेत्र में समतल चोटी वाले पहाड़ों अर्थात् पठारों को दादर कहा जाता है। इनका आकार 10-12 वर्ग कि.मी. तक है। इन पर वृक्ष काफ़ी विरल होते हैं तथा छोटी-छोटी घाँसें मुख्य वनस्पतियाँ होती हैं। कान्हा घाटी के उत्तरी किनारे पर फैले पठारों की मिट्टी लौह-ऑक्साइड की उपस्थिति के कारण इन दादरों को लालिमा प्रदान करती है। इन लाल दादरों से डूबते सूरज की रक्तिम किरणों को अपनी रेटिना पर सहेज कान्हा का हर मुलाकाती कुछ दिनों की थाती बना लेना चाहता है। एक समय बम्हनी दादर कान्हा का एक बहुत बड़ा आकर्षण था। डूबते स्वर्ण रश्मियों को देखने और कैमरे

में डूबते सूर्य को कैद करने के लिए पर्यटकों का जमावड़ा लगा रहता था। कोर क्षेत्र में होने के कारण अब यह दादर पर्यटकों के लिए बन्द कर दिया गया है; लेकिन इसकी कहानी यहाँ की सफारी वाली जिप्सी के ड्राइवर से सुनकर इसके अप्रतिम सौन्दर्य की परिकल्पना की जा सकती है। मानवीय गतिविधियों के बन्द होने से यह पूर्ण रूप से वन्यजीवों का इलाक़ा बन गया है। बम्हनी दादर के अलावा कटंगी दादर, गढ़ी दादर, देवरी दादर, बीजा दादर, अलगी दादर, छिन्दी पठार आदि कान्हा के कुछ अन्य जाने-माने दादर हैं। इन दादरों की ढलानों पर झूमते बाँस के पात पर पड़ते सूरज की रोशनी आश्वस्त करती है कि दूसरे दिन पूरी ऊर्जा के साथ जंगल में सूरज की किरण नयी ऊर्जा लायेगी।

कान्हा में दादर

साखु की पीड़ा

साल अथवा साखु के वन कान्हा में पाये जाने वाले प्रमुख वन-प्रकारों में से एक हैं। सर हैरी जॉर्ज चैम्पियन एवं श्याम किशोर सेठ को भारत के वनों के वर्गीकरण का जनक माना जाता है। 1968 ई. में प्रकाशित अपनी पुस्तक 'अ रिवाइज्ड सर्वे ऑफ द फॉरेस्ट टाइप्स ऑफ इंडिया' में लेखकद्वय

ने कान्हा के साल के वनों को तीन भागों में बाँटा है। साल वन कान्हा की पहचान हैं, लेकिन 1996 ई. से 2000 ई. के दौरान कान्हा के कोर क्षेत्र के साल वनों पर 'हार्टवुड बोरर' नाम के लकड़ी छेदक कीड़ों का भयंकर प्रकोप हुआ। यह भृंग या बीटल प्रकार का कीट होता है। इसका प्रकोप बालाघाट, मण्डला, डिन्डोरी, होशंगाबाद ज़िलों के साल वन पर ज़्यादा होता है। पहली बार 1899 ई. में देखा गया उसके बाद यह बीसियों बार इस क्षेत्र के साखु पर क़हर ढा चुका है। इस कीट का लार्वा साल पेड़ के तने के ऊपरी मुलायम भाग को छेदते हुए अन्दरूनी हिस्से यानी हार्ट-वुड तक चला जाता है।[76] इस प्रक्रिया में निकला लकड़ी का बुरादा बाहर जमा होता रहता है। इससे पीड़ित पेड़ की पहचान बड़ी आसानी से हो जाती है। इससे साल के पेड़ कमज़ोर होकर सूख जाते हैं। इसका प्रकोप होने पर कान्हा के हज़ारों साखु के पेड़ों को नुक़सान होता है।

मुन्ना और मिनकर

ज़्यादातर टाइगर रिजर्व में कोई-ना-कोई स्टार बाघ या बाघिन होते हैं। ये पर्यटकों के बीच काफ़ी प्रचलित होते हैं। इनकी कुछ-न-कुछ ख़ासियत भी होती है। कान्हा का स्टार था मुन्ना- जिसे कान्हा के दस्तावेज़ों में T-17 के नाम से जाना जाता था। फ़ोटो खिंचवाने में माहिर मुन्ना को यह नाम कैसे मिला उसकी कोई जानकारी उपलब्ध नहीं है। जब भी पर्यटक सफारी की हरी रंग वाली जिप्सी दिखी नहीं कि फ़ोटो के लिए तैयार मुन्ना; लेकिन इसके अलावा भी मुन्ना कई कारणों से विशिष्ट था। वह 2004 ई. या 2005 ई. में पैदा हुआ होगा, लेकिन, फ़ोटोग्राफ़रों नें उसे कैमरे में पहली बार कैद किया 2008 ई. में। उस समय डिजिटल कैमरे और सोशल मीडिया का वर्चस्व क़ायम नहीं हुआ था। फ़ोटो में कैद मुन्ना के मस्तक पर प्राकृतिक काली धारियों से अंकित (CAT) और (PM) पर लोगों ने गौर किया और पर्यटक बड़ी आसानी से उसे पहचानने लगे। कान्हा के बाघों पर शोध कर चुके डॉ. उज्ज्वल कुमार सिन्हा बताते हैं कि मुन्ना

---

76. http://www.fao.org/3/XII/0739B1.htm#:~:text=The%20heart-wood%20borer%20was%20first,Balaghat%20district%20of%20Central%20India.

क़रीब 3–4 वर्षों तक कान्हा मीडोज क्षेत्र का बेताज बादशाह रहा। हालाँकि, बाघों की सामाजिक संरचना एवं प्रकृति के नियमों के अनुसार मुन्ना को एक युवा नर ने इस इलाक़े से 2012 ई. में बेदख़ल कर दिया। मुन्ना अपने जीवनयापन के लिए क़रीब 2 वर्ग कि.मी. में फैले रोंदा के मैदान में चला गया जहाँ भोजन की कोई कमी नहीं थी। मुन्ना वहाँ क़रीब चार सालों तक रहा। उसके बाद वह पर्यटन एवं बफर जोन में चला गया। ग़लती से वहाँ उसने एक लड़की पर हमला कर दिया। उसके बाद उसे 24 अक्टुबर 2019 ई. में भोपाल के वन-विहार चिड़ियाघर में भेज दिया गया। वहाँ 7 मार्च 2021 ई. को लम्बी बीमारी के बाद उसने दम तोड़ दिया।

मिनकर बाघिन की भी रोचक कहानी है। कान्हा के एक एनीकट के नाम पर इस बाघिन का नाम पड़ा। इसी क्षेत्र में इसका इलाक़ा था। एनीकट एक प्रकार का छोटा-सा बाँध होता है, जिसे छोटी जल-धाराओं पर बनाकर जल संचयन किया जाता है। मिनकर की चौथी ब्यांत में एक बाघिन थी जिसे 'छोटी मादा' नाम दिया गया था। छोटी मादा ने चार साल की उम्र में चार शावकों को जन्म दिया। ठीक उसी दौरान छोटी मादा की माँ अर्थात् मिनकर ने भी दो नर बच्चे जने। मिनकर तब तक बूढ़ी हो चली थी। शायद शिकार कर अपने दो नन्हें शावकों को पाल नहीं सकती थी, इसलिए उसने अपनी बेटी को उसके रिश्ते में हुए दो भाईयों के लालन-पालन की भी जिम्मेवारी दे दी। छोटी मादा ने कुल छह बच्चों को पाला-पोसा। डॉ. उज्जवल बताते हैं कि इसका पता कईयों को नहीं है; अधिकतर पर्यटक एवं फ़ोटोग्राफ़र छोटी मादा को छह बच्चों की माँ के रूप में जानते हैं।

दीमकों का सजा संसार

साल वनों में दीमकों की बाम्बी सहज रूप से दिखायी देती है। इनके अन्दर दीमकों का अनोखा संसार बसता है। यही नहीं, अलग-अलग जाति के दीमकों के बाम्बी की संरचना और आकार भी भिन्न-भिन्न होती है। कान्हा में 16 प्रजातियों के दीमक पाये जाते हैं।[77] ये जंगल में गिरे

77. Chhotani, O. B. 1977. Termites of Kanha National Park (Madhya Pradesh), India, Records of Zoological Survey of India, 72, pp. 367-388.

काष्ठीय पदार्थों को विघटित कर मिट्टी में पोषक तत्वों का पुनर्चक्रण करते हैं। कान्हा में दीमकों की चार प्रजातियाँ ऐसी भी हैं जो मध्य प्रदेश में अन्यत्र नहीं पायी जातीं। इनमें से एक प्रजाति का नाम कान्हा के ऊपर ही पड़ा है– *Euhamitermes kanhaensis.* अगर यह कहें कि कुदरत ने कान्हा को अपनी हर सौगात से परिपूर्ण किया है तो यह अतिशयोक्ति नहीं होगी।

दशरथ मचान और श्रवण ताल

हर भारतीय माता-पिता की यह मन्शा होती है कि उनके पास श्रवण कुमार की तरह पुत्र हो। कहा जाता है कि–श्रवण कुमार जब अपने माता-पिता को तीर्थ यात्रा करवाने ले गया था तब उसी जंगल को पार करते समय माँ-पिता को प्यास लगी थी। घड़े में पानी भरते हुए श्रवण को हिरण समझ राजा दशरथ ने बाण चला दिया। कहानी कितनी सही है या कितनी ग़लत, लेकिन कान्हा रिजर्व में घूमते वक़्त एक ख़ूबसूरत तालाब को श्रवण तालाब तथा ऊँची जगह को आज भी दशरथ मचान के नाम से जानते हैं।

कान्हा के धुरन्धर

जैसा की हमने पहले ही कहा कि कान्हा अपने वैज्ञानिक प्रबन्धन के लिए जाना जाता है। कान्हा में इस प्रथा को सिंचित करने में कई पुरोधाओं का योगदान रहा है। शायद ही देश के किसी भी संरक्षित क्षेत्र में इतने लोगों का विभिन्न रूपों में योगदान रहा हो। यहाँ के वन्यजीवों पर वैज्ञानिक जानकारियों को एकत्रित करने की शुरुआत एक अमरीकी जीव विज्ञानी जॉर्ज बी. शैलर के द्वारा की गयी। 1963 ई. से 1965 ई. के बीच उन्होंने कान्हा के बाघों एवं शाकाहारी जीवों का अध्ययन किया और उसे 'द डियर एंड द टाइगर' नाम की पुस्तक में सँजोया। वन अधिकारियों में एच.एस. पंवार और डॉ. राजेश गोपाल को कान्हा में कई अभिनव प्रबन्धन प्रयोगों के लिए जाना जाता है। कान्हा के रिसर्च ऑफ़िसर के रूप में लम्बे समय तक कार्यरत डॉ. पी.सी. कोतवाल एवं डॉ. राकेश शुक्ला का महत्त्वपूर्ण शोध योगदान रहा। जब भी कान्हा और बैगा

जनजाति की बात हो तो यहाँ के ट्रैकर मंगलू बैगा के बिना यहाँ के जंगल एवं जीवों के संरक्षण की बात अधूरी रह जाती है। बारासिंघों के झुण्ड को कान्हा में सुरक्षित पकड़ने की योजना बनाकर उसे सफलतापूर्वक सतपुड़ा टाइगर रिजर्व में पुनर्स्थापित करने के लिए यहाँ के निदेशक जसबीर सिंह चौहान एवं वन्यजीव चिकित्सकों की बात किये बिना कान्हा के धुरन्धरों की लिस्ट को पूरा नहीं किया जा सकेगा।

धुन्ध के उस पार : इन्द्रावती टाइगर रिजर्व

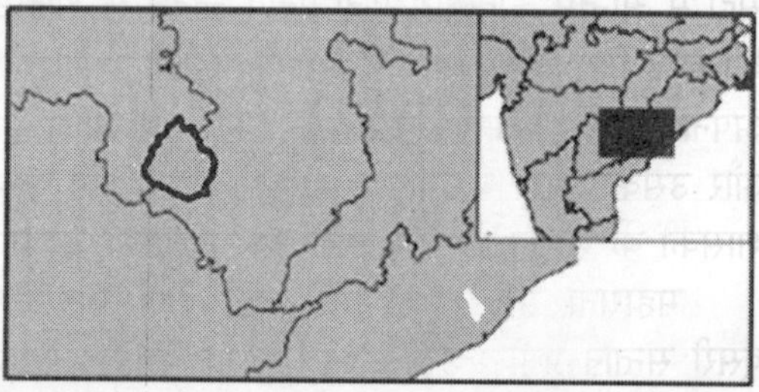

छत्तीसगढ़ यानी छत्तीस गढ़ों का एक ऐसा राज्य जिसका नाम उठते ही हमारे जेहन में बारूद के ढेर पर सुरक्षा बलों और नक्सलियों की छवि घूमने लगती है। नक्सलियों के क़िस्से आये दिन सुनने मिलते हैं, लेकिन इन बारूद के ढेर से बने कोहरे के पीछे के चित्र कहीं गुम हो जाते हैं। मीडिया और कुछ नक्क़ारी प्रवृतियों के कारण खून के लाल धब्बों के पीछे उगता सूरज, बहती नदियाँ, चहचहाती चिड़ियों की गूँज कहीं शांत हो जाती है।

प्रकृति ने छत्तीसगढ़ को वनों और झरनों जैसे अनुपम उपहार दिये हैं। छत्तीसगढ़ के बीजापुर ज़िले को वन देवी ने अपने अनुपम श्रृंगारवाले दृश्य से नवाज़ा है। भूमिगर्भित गुफ़ाएँ, कलकल झरनों के स्वर, बाँहें फैलाये लोगों का इन्तज़ार करती है। इन्द्रावती टाइगर रिजर्व भी पलक-पांवड़े बिछाये दोनों बाँहें फैलाये आगन्तुकों के इन्तज़ार में है। इन्द्रावती नेशनल पार्क के प्रबन्धन की जानकारी लेने जब एनटीसीए ने एक दल को वहाँ भेजा तब भयभीत दल को बाघ और जंगली जानवरों की वैसी जानकारी तो नहीं मिली, लेकिन इस अनूठी जगह के इतिहास-भूगोल की पूर्ण जानकारी मिल गयी।

बीजापुर जिले का इतिहास

ऐतिहासिक रूप से यह क्षेत्र महाकाव्य रामायण में दण्डकारण्य और महाभारत में कोसाला साम्राज्य का हिस्सा है। पूर्व पाषाण काल से लेकर गुप्तकालीन राजाओं के शासन के अवशेष मिले हैं। नलों के शासन के साथ नागवंशीय राजाओं के शिलालेख उनकी उपस्थिति बताते हैं। चोल और चालुक्यों के संघर्ष में चालुक्यों यानी काकतीय वंशजों ने जीत हासिल की। बीजापुर 2007 ई. में एक जिला बना है। यह बस्तर क्षेत्र का ही एक भाग है जिसे दक्षिणी बस्तर के नाम से भी जानते हैं।

काकतीय राज्य के पूर्व इसे चक्रकोट मण्डल कहा जाता था। चौदहवीं सदी में अन्तिम काकतीय राजा प्रताप रुद्रदेव के भाई अन्नम देव ने वारंगल को छोड़ दिया और बस्तर में अपना साम्राज्य स्थापित किया। अन्नम देव ने अपना साम्राज्य स्थापित करने के समय अधिकांश समय बाँस के कोठरों और उसकी छाया में बिताया था इस कारण इसे 'बस्तर' कहा गया। कई शासकों के शासन के बाद बस्तर के मुख्यालय को जगदलपुर बदला गया।

महारानी प्रफुल्ल कुमारी देवी तथा प्रफुल्ल चन्द्र भंजदेव की दूसरी सन्तान प्रवीर चन्द्र भंजदेव बस्तर रियासत के अन्तिम शासक हुए। इनका जन्म 25 जून, 1929 ई. को शिलॉन्ग में हुआ। इनकी माँ महारानी प्रफुल्ल कुमारी, जो कि बस्तर की महिला शासिका थी, की असमय और रहस्यमय निधन के पश्चात लन्दन में ही ब्रिटिश सरकार के प्रतिनिधियों द्वारा 6 वर्षीय प्रवीर चन्द्र भंजदेव का औपचारिक राजतिलक कर दिया गया था। बारह साल बाद जब प्रवीर 18 साल के हो गये तब उन्हें पूर्ण रूप से राज्याधिकार दे दिये गये, इसी साल सरदार वल्लभ भाई पटेल ने छत्तीसगढ़ के सभी चौदह रियासतों से बातचीत कर भारतीय संघ में विलयन के लिए दस्तखत करवा लिए।

आदिवासी प्रवीर को अपना भगवान मानते थे। प्रवीर ने भी अपनी किताब 'आई प्रवीर द आदिवासी गॉड' और 'लोहण्डीगुड़ा तरंगिनी' में आत्मविश्लेषण कर यह स्पष्ट करने का प्रयास किया है कि आख़िर वे आदिवासियों के मसीहा कैसे बने। वे बाद में चुनाव लड़कर विधायक भी बने थे, परन्तु राजनीतिक मतभेद के चलते इस्तीफ़ा दे दिया। उन्होंने अपने को भारत शासन से स्वतन्त्र करने तथा अपने लिए बस्तर में स्वतन्त्र राज्य की स्थापना की दलील पेश की। यह क़दम उनके लिए घातक सिद्ध हुआ।

उन्हें पद से हटाकर 1961 ई. में जेल भेज दिया गया। इसके चलते 31 मार्च 1961 ई. को लोहण्डीगुड़ा में गोलीकाण्ड हुआ, जिसमें एक दर्जन से ज़्यादा आदिवासी मारे गये। इस घटना के बाद छह साल तक राजमहल विवादों में घिरा रहा और 25 मार्च 1966 ई. को दरबार हॉल के सामने ही प्रवीर चन्द्र भंजदेव को गोली मार दी गयी। महाराजा प्रवीर चन्द्र भंज देव बस्तर के सभी समुदाय मुख्यत: आदिवासियों के बीच बेहद लोकप्रिय थे।

बस्तर रियासत की ऐतिहासिक घटनाओं और महाराजा प्रवीर चन्द्र भंजदेव के कारण विश्व में चर्चित बस्तर का राजमहल क़रीब 138 साल पुराना है । यह राजमहल आज भी आदिवासियों के लिए देवता के घर से कम नहीं है। यहाँ संग्रहित वर्षों पुरानी तस्वीरें और शस्त्रागार आज़ादी के पहले और बाद की महत्त्वपूर्ण विरासत हैं। राजमहल को बस्तर में काकतीय राजाओं के 694 वर्ष पुराने इतिहास का मूक गवाह भी माना जाता है।

इन्द्रावती में कलिहारी या फ्लेम लिली

इन्द्रावती टाइगर रिजर्व

उड़ीसा से शुरू होकर दन्तेवाड़ा की भद्रकाली नदी में समाहित होने वाली 240 कि.मी. लम्बी इन्द्रावती नदी बस्तर और बीजापुर (दक्षिणी बस्तर) के लोगों के लिए आस्था और भक्ति की प्रतीक है।

इन्द्रावती में तेंदुए के प्रमाण

इन्द्रावती नदी के किनारे बसे होने के कारण इसे यह नाम दिया गया। इसे कुटरू नेशनल पार्क के नाम से भी जाना जाना जाता था। इस रिजर्व की उत्तरी सीमा पर इन्द्रावती नदी बहती है।

इन्द्रावती को 1981 ई. में नेशनल पार्क तथा 1983 ई. में टाइगर रिजर्व की संज्ञा दी गयी।[78] लगभग अठाइस सौ वर्ग कि.मी. क्षेत्र में फैला यह रिजर्व अपनी विविधताओं के लिए प्रसिद्ध है। विभिन्न जंगली जानवरों, पंछियों के अलावा यह क्षेत्र विलुप्तप्राय जंगली भैंसे और पहाड़ी मैना को संरक्षित करता है।

शुष्क क्षेत्र मिश्रित वन में खैरा, हंगू, आँवला, तेन्दु, खैर, पलाश, शीशम, सिरसा, बीजासाल, कुसुम, साजा, अर्जुन, कहुआ, बीजा आदि मध्यम ऊँचाई के वृक्ष, तो सौ फीट ऊँचे साल और सागौन के वृक्ष भी पाये जाते हैं। वन्य-प्राणियों में बाघ, तेन्दुआ, ग़ौर, चीतल आदि प्रमुख तो हैं ही, लेकिन इनमें सबसे महत्त्वपूर्ण है-वन भैंसा,जो छत्तीसगढ़ का राज्य पशु भी है।[79] यहाँ के वन भैसों की आबादी के बारे में ज़्यादा जानकारी उपलब्ध नहीं है, कारण कि इस रिजर्व के भीतरी क्षेत्रों में वनकर्मियों का आना-जाना कम ही होता है। इन्द्रावती से सटे महाराष्ट्र का कोलामार्का संरक्षित क्षेत्र है जहाँ इन वन भैसों की आवाज़ाही लगी रहती है।

वन क्षेत्र के अन्दर नक्सली गतिविधियों के कई प्रमाण दिखायी देते हैं। उनकी दहशत का नतीजा यह है कि स्थानीय ग्रामीण भी वन महकमे के कर्मचारियों को वन्यजीवों की गतिविधियों की जानकारियाँ विरले ही देते हैं। नक्सली गतिविधियों के कारण यह टाइगर रिजर्व कई विषमताओं से दो-चार होता रहता है। ज़्यादातर वन-कर्मचारी पास के किसी शहर में रहते हैं तथा जंगल में सुरक्षा हेतु की गयी व्यवस्थाएँ वीरानी की मार झेल रही हैं।

---

78. www.bijapur.gov.in

79. Harshey, D. K and Chandra, K. 2001. Mammals of Madhya Pradesh and Chhatishgarh, Zoos Print Journal 16(12):659-668

बीजापुर की आदिम महक

यहाँ गोण्ड और उसकी उपजातियाँ निवास करती है। इन्हें दुनिया की सबसे पुरानी जनजाति के रूप में माना जाता है। माड़िया या मुरिया की संख्या अधिक है। पहाड़ों को माड़ कहा जाता है, इस कारण पहाड़ों के बाशिन्दे माड़िया कहलाये। गौर के सींग की खोल से सज्जित टोपी या मुकुट माड़िया के नृत्य-सज्जा के मुख्य सामान होते हैं। अपनी ताक़त, मज़बूती, प्रवीणता और स्वतन्त्रता प्रियता के लिए प्रसिद्ध हैं। इन्हें अपने इलाक़े में किसी भी बाहरी का प्रवेश नापसन्द है दूसरों के आगमन को जानते ही तीर कमान से हमला करते हैं और कर्कश ध्वनि से अपनी ताकत का एहसास दिलाते हैं। इनके पुरुष नटखट और नृत्य प्रिय होते हैं। साथ ही साथ शिकार के समय बाघ, तेन्दुए का भी लोहा लेते हैं। इनके कुलदेवता काकसार कहलाते हैं।

मूर शब्द से बना है मुरिया। मूर का मतलब होता है पलाश। जो मूर की छाया में पले बढ़े वे मुरिया कहलाये। कुँवारे लड़के-लड़कियाँ घोटुल का भाग होते हैं। आदिवासी लड़के-लड़कियाँ अपने घोटुल के प्रति पूर्ण ईमानदार होते हैं। समाजिकता और निष्ठापूर्वक भक्ति के अलावा अपने जीवन साथी का चुनाव इसी घोटुल संस्था के माध्यम से करते हैं। घोटुल प्रणाली देवी लिंगो पेन और लिंगो देवता से सम्बन्धित है ।

तीसरी प्रमुख जनजाति हलबो है जिनकी उत्पत्ति हल से मानी जाती रही है। उनकी विश्वसनीयता और सेवा देख ही काकतीय राजाओं ने इन्हें विभिन्न गढ़ों का मालिक बनाया। हलबो की बोली बस्तर की राजभाषा हल्बी रही है। ये हिन्दू मान्यताओं से जुड़े हुए हैं । भतरा जनजाति कला और नाटक प्रेमी होते हैं। समय के साथ इस जनजाति के लोगों ने अपने में सबसे ज़्यादा बदलाव किया है। 1910 ई. में हुए आदिवासी संघर्ष का नायक गुण्डाधुर धुरबा जनजाति का था। पंचायतों को माननेवाली धुरबा जनजाति विभिन्न गुफ़ाओं में सदियों से रहती आयी है।

रहन-सहन में गुथे संरक्षण के तरीक़े

आदिवासियों के बारे में सोचकर लगता है कठिन और सुविधाओं से दूर के जीवन में इनका जीना कितना मुश्किल होता होगा, लेकिन इनके

रहन–सहन की परिपक्वता टिकाऊ विकास के नारे को आईना दिखाती है। पर्यावरण को साथ रखते हुए वनवासियों ने अपने जीवन को सहज बना लिया था और आज भी उन कठिन–से–कठिन परिस्थितियों में ये आदिवासी अपने जीने की राह बना लेते हैं। आदिवासी परम्पराओं में राऊड़ प्रथा है जिसके अन्तर्गत जंगल में आग लगाना और पेड़ों की कटाई करना पूर्णतया प्रतिबन्धित है। मतलब राऊड़ इलाक़े में आदिवासियों का प्रवेश सिर्फ पूजा करने के लिए ही होता है। चौतराई पर्व के पहले आम को तोड़ना पूरी तरह मना है। इसके पीछे बीजों को संरक्षित करने की मन्शा छुपी हुई है। बीजापुर के जंगल अपने आम के फलों के लिए भी प्रसिद्ध हैं। मूर्ति पूजा से लगभग दूर रहनेवाले आदिवासी पेड़ों को देवता मानते हैं। इनकी मदद से सरकार दो सौ से ज़्यादा पेड़ों की प्रजातियों के बीज जमा कर बीज बैंक बना रही है। छत्तीसगढ़ को धान का कटोरा कहा जाता था, वहाँ धान की दुर्लभ प्रजातियों को भी बचाने का कार्य ये कर रहे हैं। बैगा समुदाय कुटकी, कोदो, मण्डिया, सिकीया, कँगनी, बेदरा, भेजरा, सेलहार जैसे देशी धानों का बीज बैंक तैयार कर रहा हैं।

बीजापुर और बस्तर की धुरबा जनजाति पानी को साक्षी मान ब्याह करते हैं। हल्दी के बाद सात घाट से लाए गये पानी की हण्डियों का फेरा लगाकर विवाह सम्पन्न होता है। इनके हर शुभ कार्य में पेड़ और पानी की पूजा होती है। सेमल के पेड़ों की पत्तियों से लदी टहनियाँ देवी का निवास होती हैं। सरना स्थल के पास टुन्टा पूजन की प्रथा है।

मेंढकों के विवाह को 'कपल पांडुम' के नाम से जानते हैं। गाँव की महिलाएँ पुजारी द्वारा तय तिथि को मेंढकों को जमा कर नये बर्तन में रखती हैं फिर कपड़े से ढँककर ग्राम प्रधान के घर ले जाया जाता है, जहाँ एक सप्ताह तक रखा जाता है। एक जुलूस के बाद पास के तालाब में छोड़ दिया जाता है।

नृत्य इन जनजातियों के जीवन का भाग है। रंगीन परिधान, गहने और गावर सिंह का उपयोग इनके नृत्य की विशेषताओं में से हैं। अधिक आकर्षण जोड़ने के लिए, घुँघरू और घण्टी शरीर से बँधे होते हैं जो एक संगीत ध्वनि बनाता है। सामूहिक आदिवासी नृत्य बिल्मा, फाग, दोरला के रूप में प्रसिद्ध है।

जनजातीय लोग रंगीन पोशाक़ पहनते हैं। महिलाओं के अपने नियम और विनियम होते हैं, जिनके पास मोती और धातुओं से बने गहने होते हैं। बीजापुर में जनजाति अपनी अनूठी संस्कृति और पारम्परिक जीवनशैली के लिए जाने जाते हैं।

चपरा चटनी को लाल चींटी चटनी के रूप में भी जाना जाता है। अण्डे के साथ लाल चींटियों को घोंसले से एकत्र किया जाता है और टमाटर और मसालों के साथ मिश्रित कर चटनी बनायी जाती है। लाल चींटियों को प्रोटीन में समृद्ध माना जाता है। आदिवासियों द्वारा नशीले द्रव्यों का सेवन सामान्य है और सल्फी, महुआ तथा लाँदा को तरल भोजन समान माना जाता है। चावल से बना नशीला पेय लाँदा हण्डिया की तरह होता है। महुआ का फूल आदिवासियों के लिए पवित्र फूल है।

बस्तर के आदिवासियों के आहार में प्राकृतिक रूप से उगने अथवा प्राप्त होने वाली सामग्री की प्रमुखता है। यह वह आहार सामग्रियाँ हैं जिन्हें उगाने अथवा उनकी खेती करने की आवश्यकता नहीं होती बल्कि बरसात और उसके बाद के मौसम में वे स्वतः ही उग आते हैं। जैसे, अनेक प्रकार की पत्ता भाजियाँ, ज़मीन के नीचे उगने वाले कान्दा, पुराने वृक्षों के आस-पास उगने वाले फुटु या मशरूम तथा बाँस आदि। वे अनेक प्रकार की छोटी मछलियों और झींगों को खाते हैं जो वर्षा के दौरान खेतों, जोहटों, गड्ढों, तालाबों और नालों में उत्पन्न हो जाती हैं। आस-पास के वनों में उगने वाले महुआ, सीताफल, आँवला और इमली का भी वे भरपूर सेवन करते हैं।

बीजापुर और बस्तर के आस-पास प्रकृति की सौगात

बस्तर और बीजापुर जिला घने जंगलों, ऊँची, पहाड़ियों, झरनों, गुफ़ाओं एवं वन्य प्राणियों से भरा हुआ है। बस्तर महल, बस्तर दशहरा, दलपत सागर, चित्रकोट जलप्रपात, तीरथगढ़ जलप्रपात, कुटुमसर और कैलाश गुफ़ा आदि पर्यटन के मुख्य केन्द्र हैं। कोदई माता बीजापुर की आराध्य देवी है। उनके आशीर्वाद के बिना आदिवासी समुदाय में कोई भी शुभ

कार्य नहीं होता है। यहाँ जात्रा काफ़ी प्रसिद्ध है इसमें शामिल होने के लिए दूर-दूर से लोग आते हैं।

बीजापुर जिले के इंचमपल्ली बाँध में पर्यटन की अपार सम्भावनाएँ हैं इंचमपल्ली बाँध मुख्यालय से महज 77 कि.मी. की दूरी पर भोपालपट्नम ब्लॉक में स्थित है। इस बाँध का निर्माण कार्य किसी कारणवश अधूरा रह गया, बाँध की यही संरचना अब इंचमपल्ली बाँध परियोजना के नाम से जानी जाती है। लगभग दो सौ साल पहले प्रारम्भ की गयी इस परियोजना के सम्बन्ध में ग्रामीणों का कहना है कि सिंचाई व बिजली के उद्देश्य की पूर्ति के लिए इस बाँध की शुरुआत की गयी थी, परन्तु किसी भयानक बीमारी-प्लेग या हैज़ा फैलने से बाँध के कार्य में लगे हुए मजदूरों की मौत होने लगी, जिसके कारण काम अधूरा छोड़कर भाग गये। गाँव वाले सुनी सुनायी बातों में आज भी कहते हैं कि बाँध के लिए जिन पत्थरों का इस्तेमाल किया जा रहा था वह गोदावरी नदी के किनारे चेन्दूर गाँव के ही एक पहाड़ के पत्थर हैं। लोग कहते हैं किसी दैवीय शक्ति का वास है जिसके प्रकोप से बाँध का काम कभी पूरा नहीं हो पाया। बीजापुर का लँकापल्ली जलप्रपात भी पलकों को रोक देता है।

चित्रकोट और काँगेर

चित्रकोट इन्द्रावती नदी का एक प्रमुख जलप्रपात है। इसका मुँह घोड़े के मुँह की तरह है। यह नब्बे फुट की ऊँचाई से गर्जना करते हुए गिरता है। इसे भारत का नियाग्रा भी कहा जाता है। प्रकृति ने काँगेर घाटी जैसा उपहार भी दिया है। काँगेर घाटी का दर्शन एक सन्तोषप्रद, अवर्णनीय एवं बेजोड़ प्राकृतिक अनुभव का उदाहरण है। तीरथगढ़ जलप्रपात के अलावा इस घाटी में है काँगेर घाटी राष्ट्रीय उद्यान जो चूना-पत्थर की भूमिगत भू-आकृतियों-स्टेलेक्टाइट और स्टेलेग्माइट के लिए विख्यात है। ये भूमिगत आकृतियाँ गुफ़ाओं के अन्दर चूना पत्थर के खम्भे के रूप होती हैं। जबकि कुछ अर्ध-खम्भ के रूप में ऊपर से झूलती एवं नीचे से खूँटे के समान निक्षेपित होती रहती हैं। चूना पत्थर के भूमिगत टपकाव और जमाव के इन संरचनाओं को बनने में लाखों साल लगते हैं। कोटमसर और कैलाश

समेत ऐसी कई गुफ़ाएँ इस राष्ट्रीय उद्यान के अन्दर अवस्थित हैं। सैलानियों के लिए इनके अन्दर रोशनी की व्यवस्था के लिए पहले किरासन तेल से जलने वाले लौ की व्यवस्था थी जिस कारण गुफ़ाओं के अन्दर की ये प्राकृतिक कृतियाँ धुएँ की वजह से जगह-जगह पर काली हो गयीं हैं।

आदिवासियों के देश में कोहरा

2011 ई. के जनगणना आँकड़ों के मुताबिक, छत्तीसगढ़ की आबादी पिछले एक दशक में 4.32 फ़ीसदी बढ़ी है, जबकि नक्सल प्रभावित आदिवासी इलाक़ों की आबादी दर तेज़ी से घटी है। सर्वाधिक प्रभावित ज़िला बीजापुर है, जहाँ से सलवा जुडूम अभियान का आगाज़ हुआ था। 2001 ई. की जनगणना में आबादी वृद्धि दर 19.30 फीसदी थी जो 2011 ई. में घटकर

कांगेर घाटी में तीरथगढ़ जलप्रपात

महज 8.76 फीसदी रह गयी। सलवा जुडूम और नक्सली ऑपरेशन को आबादी दर में गिरावट की मुख्य वजह माना गया है। नक्सली और प्रशासन के बीच दो पाटों में पिसने के बावजूद कुछ आदिवासी अपनी पुश्तैनी ज़मीन को छोड़कर राहत शिविरों में नहीं गये। ऐसे लोग सुरक्षा बलों के ऑपरेशन के वक़्त पास के आन्ध्र प्रदेश के जंगलों में पलायन कर गये।

आदिवासियों की दुर्दशा के लिए प्रशासन के साथ-साथ नक्सली भी उतने ही ज़िम्मेदार दिखते हैं। जिस सलवा जुडूम को सरकार ने नक्सलवाद से निबटने का अनोखा हथियार बनाया था, वही आदिवासियों के पलायन की एक बड़ी वजह बनी।

प्रकृति के इस उपहार पर अब भी कोहरा है। इसे देश की मुख्य धारा में जोड़कर यहाँ की परम्परा, पर्यटन और बाघ संरक्षण कों देश के साथ जोड़ने की ज़रूरत है।

बाघ पुनर्स्थापना गुरु : पन्ना टाइगर रिजर्व

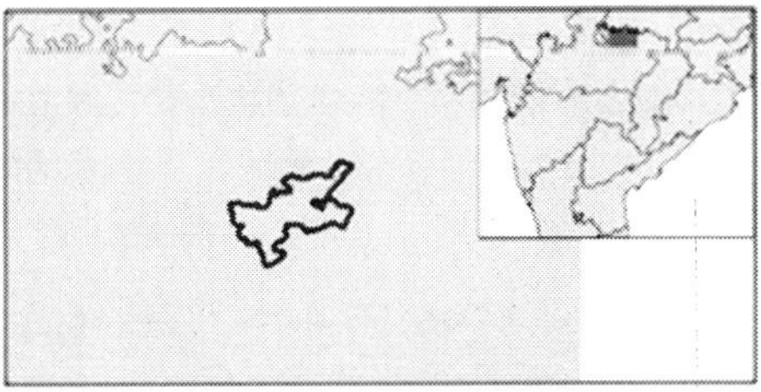

भारत का हृदय-स्थल मध्य प्रदेश प्रकृति की नायाब चीज़ों की अद्भुत स्थली है। हमारे समाज में हीरा को अभिजात्य मणि गानते हैं। उन हीरों की नायाब खानें मध्य प्रदेश के पन्ना ज़िले में स्थित हैं। अपने हीरों की खानों के लिए ही नहीं पन्ना और छतरपुर ज़िले में पाया जानेवाला पन्ना राष्ट्रीय उद्यान अपने शान्त और मनोरम दृश्यों के लिए भी प्रसिद्ध है।

केन नदी राष्ट्रीय उद्यान के मध्य उभरे किनारों के बीच करीब पचपन कि.मी. बहती है। केन की धार से पन्ना राष्ट्रीय उद्यान में एक अद्भुत् छटा फैलती है। केन को कर्णावती नदी भी कहते हैं जो अपने उद्गम के अनूठे रहस्यों को अपने उदर में छुपाकर बुन्देलखण्ड क्षेत्र से गुज़रती है। यमुना के उपनदी बनने के पूर्व की अन्तिम दो उपनदियाँ केन तथा मन्दाकिनी हैं। केन की धाराएँ अपनी क़ीमती और अनोखे शजर पत्थरों के लिए प्रसिद्ध है। ऊपर से बदरंग दिखनेवाले ये अद्भुत पत्थर हमारे लिए नेमत हैं। इन धूसर पत्थरों को मशीनों से तराशने पर झाड़ियों, पेड़-पौधे, पशु-पक्षियों, मानव और नदियों की जल-धाराओं के चित्र उभरते हैं। कहा जाता है कि पूरे विश्व में इस तरह के पत्थरों के नमूने नहीं मिलते हैं। केन के इन शजर पत्थरों की बिक्री ईरान में चोरी-छुपे भी होती है।

केन सात पहाड़ों को चीरकर आगे बढ़ने वाली एक अद्भुत् नदी है। पन्ना के पास यह पहाड़ों को चीरकर बहती प्रतीत होती है। पूरे रास्ते में ऐसे सात पहाड़ों के बीच से बहती नदी ऐसा दृश्य उत्पन्न करती है जैसे लगता है पहाड़ों ने रास्ता दे दिया है। दूसरी तरफ़ पहाड़ों से टकराती नदी अनुपम आकृति बनाती है। केन नदी पन्ना टाइगर रिजर्व की जीवन-रेखा है। इसकी कन्दराएँ और झरने अद्भुत् प्राकृतिक सौन्दर्य का एहसास कराते हैं। केन सिर्फ शिलाओं को तराशती एक धारा ही नहीं वरन् लुप्तप्राय जीवों का घर भी है। केन में कभी अति-संकटग्रस्त लम्बे थूथन वाले घड़ियाल भी पाये जाते थे, अभी न बराबर बचे हैं। इसकी धारा महासीर जैसी संकटापन्न मत्स्य प्रजाति को अस्तित्व बचाने की लड़ाई लड़ना सिखा रही है। छोटे पर मज़बूत बछड़ों के लिए प्रसिद्ध केन्काथा नस्ल की गाय का भी रिश्ता केन नदी से जुड़ा है। यह केन के किनारे के क्षेत्रों में पायी जाती हैं।

केन के अलावा श्यामरी नदी भी यहाँ प्रवाहित होती है। पन्ना और छतरपुर ज़िले में बसे रिजर्व के हिस्सों को तीन स्पष्ट भागों में देखा जा सकता है। पन्ना ज़िले वाले भाग में ऊपरी तालगाँव पठार तो बीच में हिनौता तो तीसरी तरफ़ केन नदी की घाटी है। छतरपुर के हिस्से में आकर्षक पहाड़ों की कड़ी है।

केन नदी की कई सहायक नदियाँ पन्ना से होकर पूर्व से पश्चिम की ओर बहती हैं। ये छोटी नदियाँ केन से मिलने के पहले पन्ना के भीतर रास्ते में कई कन्दरी घाटियों (गौर्ज) एवं प्रपातों से होकर बहती है। ऐसे गौर्ज को पन्ना में सेहा कहा जाता है। गर्मी के मौसम में सेहा वन्यजीवों को बुन्देलखण्ड की तपिश से निजात दिलाता है। मानवीय कोलाहल से परे शान्त और शीतल होने के कारण सेहा वन्यजीवों के आरामगाह के साथ-ही-साथ उपयुक्त प्रजनन स्थल भी हैं। हिनौता रेंज के बलैया सेहा में बाघ और रीछ जैसे वन्यजीव अपने बच्चों की परवरिश करते हैं। पन्ना के बीच में अवस्थित धुँधुआ सेहा का सौन्दर्य बरसात के मौसम में चरम पर होता है। एक अन्य कारण से भी यह पन्ना के लिए विशेष महत्व का है। पन्ना में बाघों को पुनर्स्थापित करने के प्रयास के दौरान इसी स्थान पर एक बाघिन ने पहली बार बच्चे जने थे जिन्हें 16 अप्रैल 2010 ई. को

माँ के साथ अठखेलियाँ करते देखा गया था। पन्ना समेत पूरे देश में बाघ संरक्षणकर्ताओं के बीच उमंग की लहर दौड़ गयी थी। यह सेहा बाघों के लिए काफ़ी सुरक्षित है।

पन्ना का भूदृश्य

जल-संरक्षण के नायाब उपाय

आजकल हर दिन बुन्देलखण्ड की प्यासी धरती के क़िस्से हमें सुनने मिलते हैं। छतरपुर ज़िले की ढाल उत्तर-पश्चिम की ओर होने के कारण केन और धसान नदियों का पानी इसकी धरती को पोषित नहीं कर पाता है। पानी खुद बहता है, लेकिन लोगों को रोकता है। जहाँ पानी है वहाँ लोग खुद-ब-खुद रोटी की तलाश में रुकते हैं। बुन्देलखण्ड की धरती पर चन्देलों और परमारों ने तालाबों को जोड़ने का काम किया था। छतरपुर में राव सागर, प्रताप सागर, किशोर सागर और ग्वारा मगरा तालाब बनाए गये थे। दूसरी तरफ़ खजुराहो और बिजावर में सैकड़ों तालाब खोदे गये थे। गाँव को ख़त्म होने से बचाने के लिए राजाओं ने पानी को रोका था और पानी ने रोटी को।

पन्ना टाइगर रिजर्व

पन्ना वीर छत्रसाल की खोज तो बिजावार की स्थापना का श्रेय गोण्ड राजा बिजय सिंह को दिया जाता है। प्रत्येक राष्ट्रीय उद्यानों की तरह पन्ना का भी अपना एक इतिहास है। उन इतिहासों में शामिल है अभ्यारण्यों का राजा-महाराजों का मनोरंजन केन्द्र होना। पन्ना और छतरपुर ज़िले के संरक्षित वन बिजावार राजाओं के शिकारगाह थे। 1979 ई. में पन्ना के आस-पास क़रीब 68 वर्ग कि.मी. को गंगऊ अभ्यारण्य घोषित किया गया। वहीं क़रीब 546 वर्ग कि.मी. क्षेत्र को 1981 ई. में पन्ना राष्ट्रीय उद्यान बनाया गया। गंगऊ पन्ना स्टेट की पुरानी तहसील थी। पुराने समय में वहाँ एक प्रतिष्ठित गाँव था जो अब पन्ना नेशनल पार्क के बाहर एक विराना सा गाँव है। गंगऊ अभ्यारण्य काराकल या स्याहगोश (एक जंगली बिल्ली) के देश में कुछ बचे हुए आख़िरी अधिवासों में से एक है। बाद के वर्षों में छतरपुर, पन्ना और दमोह के कुछ भागों को मिलाकर इसे बाघ संरक्षण के लिए तैयार किया गया और पन्ना को देश का 22वाँ टाइगर रिजर्व बना दिया गया। वर्तमान में इस रिजर्व का विस्तार कुल 1598.10 वर्ग कि.मी. में है जिसमें 576.13 वर्ग कि.मी. कोर क्षेत्र तथा 1021.97 वर्ग कि.मी. बफर क्षेत्र है। इसमें तरह-तरह के पशु-पक्षी फलते-फूलते रहे हैं। बाघ, तेन्दुआ, जंगली बिल्ली, रस्टी स्पॉटेड कैट, जंगली कुत्ता, सियार, रीछ, साम्बर आदि जीवों के अलावा ढाई सौ से ज़्यादा किस्मों के पंछियों की चहचहाहट से पन्ना गुंजयमान रहता है।

बाघ पुनर्स्थापना

2009 ई. पन्ना टाइगर रिजर्व के इतिहास का सबसे काला वर्ष रहा। किसी कहानी की तरह इन जंगलों से बाघ हमेशा-हमेशा के लिए गायब हो गये। इस साल ही पन्ना का अन्तिम बाघ भी मर चुका था। हालाँकि, यह भी मानना है कि उस दौरान एक नर बाघ बचा हुआ था, जो पन्ना में बाघों के वंश को चलाने के लिए काफ़ी नहीं था। इस विपरीत परिस्थिति में तत्कालीन फील्ड डायरेक्टर श्रीनिवास मूर्ति के नेतृत्व में वैज्ञानिकों ने बाघ पुनर्स्थापना की योजना बनायी। इस योजना के अन्तर्गत सर्वप्रथम मध्य प्रदेश के ही बाँधवगढ़ टाइगर रिजर्व से बाघिन T1 एवं कान्हा टाइगर रिजर्व से

एक बाघिन T2 को हेलिकॉप्टर से पन्ना की धरती पर लाया गया। अंदेशा था कि एक नर बाघ वहाँ बचा हुआ था। बाघिनों के आने के बाद इस नर का कोई पता-ठिकाना नहीं चला। वास्तव में पन्ना नर बाघ विहीन हो चुका था। बिन नर बाघ के बाघिन का गर्भ कैसे ठहरता? पन्ना के बाघों का वंश कैसे बढ़ता? इसे ध्यान में रखते हुए पेंच टाइगर रिजर्व से 6 नवम्बर, 2009 ई. को एक नर बाघ T3 को लाया गया। बताते चलें कि बाघों की पुनर्स्थापना की प्रक्रिया में बाघों को किसी अन्य स्थान से लाने पर उन्हें कुछ दिनों तक एक बड़े बाड़े में रखा जाता है ताकि लम्बी यात्रा के बाद कुछ दिनों तक वे शान्ति से रह सकें तथा विशेषज्ञों द्वारा उनके सेहत एवं व्यवहार पर नज़र रखी जा सके। उन्हें शिकार भी बाड़े के अन्दर ही उपलब्ध कराया जाता है।

T3 की कहानी किसी फ़िल्म की कहानी की तरह है। इसे 13 नवम्बर को रेडियो कॉलर पहनाया गया और 14 नवम्बर, 2009 ई. को बाड़े से निकाल कर पन्ना के स्वच्छन्द वातावरण में आज़ाद कर दिया गया। T3 की पेंच की याद नहीं गयी और वह क़रीब 10 दिनों तक पन्ना में रहने के बाद इसकी धरती को छोड़ पेंच की तरफ़ चल पड़ा। चार-पाँच दर्जन वन कर्मियों का दल हाथी, पैदल और गाड़ियों पर सवार होकर इसके पीछे-पीछे निकल पड़ा। T3 के गले में रेडियो कॉलर लगा था। बाघों एवं अन्य वन्यजीवों के अनुश्रवण में इस कॉलर का प्रयोग किया जाता है। जिन दुरूह रास्तों से यह अपने गन्तव्य की ओर जा रहा था वहाँ कभी-कभी रेडियो कॉलर का सिग्नल भी नहीं मिलता और बेचारे वनकर्मी पस्त पड़ जाते। 442 कि.मी. की लम्बी यात्रा में इसने रोज़ पन्द्रह से पचास कि.मी. तक की दूरी तय की। जहाँ शिकार करता वहाँ तीन-चार दिन आराम कर लेता था। पन्ना के प्रबन्धन के लिए 2009 ई. का बड़ा दिन सचमुच बहुत ही बड़ा साबित हुआ। 25 दिसम्बर को दमोह ज़िले के तेज़गढ़ जंगल में डॉक्टरों की टीम अन्ततः T3 को बेहोश कर पकड़ने में सफल रही और 26 दिसम्बर को इसे फिर से पन्ना टाइगर रिजर्व में छोड़ दिया गया। बाघ की इस यात्रा में वनकर्मी खुफिया की तरह शामिल रहे थे कड़ाके की ठण्ड के बावजूद भी T3 ने अपनी घर वापसी का मिशन नहीं छोड़ा था। दुबारा जब उसे पन्ना लाया गया तब उसने इस धरती को आत्मसात् किया।

पन्ना में बाघ की नई पीढ़ी

फिर कान्हा नेशनल पार्क के बाड़े में पल रही दो अनाथ बाघिनों को पन्ना लाया गया। मतलब पन्ना की धरती चार बाघिनों और एक बाघ के साथ गुलजार थी। फील्ड डायरेक्टर श्रीनिवास मूर्ति एक जननायक की तरह इस कार्यक्रम को पन्ना के आस-पास के लोगों तक ले गये। इसके सुखद परिणाम हमारे सामने हैं। जब पन्ना में बाघ पुनर्स्थापना दिवस का दसवाँ साल मनाया जा रहा था तब यह टाइगर रिजर्व अपने पचास बाघों की खुशियाँ भी मना रहा था। बाघ विहीन यह रिजर्व अब T3 की सन्तानों से गुलज़ार है।

इस सफलता के साथ पन्ना आज टाइगर पुनर्स्थापना का गुरु बन गया है। इसने बाघों के संरक्षण और पुनर्स्थापना का उदाहरण पेश किया है। इस कार्य के लिए पन्ना को कई पुरस्कारों से नवाज़ा जा चुका है। पन्ना के बाघ नर्मदा से लेकर बेतवा, केन के किनारे विचरते नज़र आते हैं। बुन्देलखण्ड की धरती आज इन बाघों की वजह से फिर गौरवान्वित है।

गिद्धों की शरणस्थली

विगत कुछ दशकों में भारतीय उप-महाद्वीप में हुई गिद्धों की दुर्दशा किसी से छिपी नहीं है। जंगलों के बाहर मरे मवेशियों पर ज़िन्दा रहने वाले गिद्धों

को उन्हीं मवेशियों को बचाने वाली दवाई डाइक्लोफिनेक ने लील ली। प्रकृति की सफ़ाई करने वाले इस कर्मी की संख्या इतनी कम हुई कि इन्हें प्रजनन केन्द्रों में रखकर संख्या बढ़ाने की पहल चल रही है, लेकिन ऐसे समय में पन्ना के वनों से झाँकते पथरीले स्थान गिद्धों के लिए सुरक्षित पनाहगाह साबित हुए। ऐसे स्थान गिद्धों के घोंसला बनाने के पसन्दीदा स्थान होते हैं और सफल प्रजनन में सहायक होते हैं। गिद्ध पन्ना के दक्षिणी भाग में ज़्यादा पाये जाते हैं। धुँधुआ सेहा, केमासन सेहा, हिनौता पठार, गेहरी घाट, सुण्डी घाट, सँकरे की तुंगी, पटेरी आदि स्थानों पर गिद्धों के दिखने की सम्भावना अच्छी रहती है। पन्ना के जंगल में बाघ, तेन्दुए, सियार एवं अन्य परभक्षियों द्वारा मारे गये शिकार से इन्हें बिना डाइक्लोफिनेक वाले शुद्ध भोजन प्रचुर मात्रा में मिलते हैं। यही नहीं पन्ना के अन्दर आवारा मवेशियों की संख्या भी अधिक है जिनका व्यवहार जंगली हो गया है। ऐसे अर्ध-वन्य मवेशी शायद गिद्धों के लिए उपहार साबित हो रहे हैं। नतीजतन पन्ना में कुल सात प्रजातियों के गिद्धों की उपस्थिति दर्ज़ है। इनमें से तीन प्रजातियाँ तो प्रवासी हैं। पन्ना में गिद्धों की अनुमानित संख्या 1000 से अधिक है।

पन्ना की पहचान : धुँधुआ

केन घड़ियाल अभ्यारण्य

पन्ना टाइगर रिजर्व के अन्तर्गत खजुराहो से थोड़ी दूर स्थित केन घड़ियाल अभ्यारण्य अपनी प्राकृतिक ख़ूबसूरती से पर्यटकों को आकर्षित करता है। पन्ना उद्यान के बीच में कैमूर पर्वतमाला से निकली केन नदी पर यह अभ्यारण्य घड़ियालों के संवर्धन एवं संरक्षण के लिए बनाया गया है, लेकिन इस नदी में रेत की कमी के कारण मादा घड़ियाल अण्डे नहीं दे पाती है। इस कारण हाल तक सिर्फ एक मादा घड़ियाल ही जीवित बची थी। इस अभ्यारण्य की रौनक को वापस लाने के लिए देवरी अभ्यारण्य से 25 घड़ियालों को मोहारी घाट (केन और कुड़न नदी का संगम) में दिसम्बर 2019 ई. में छोड़ा गया। केन और कुड़न नदी के तट पर चिंकारा, चीतल, जंगली सूअर, मोर और नीलगायों को देखा जा सकता है।

पन्ना का हीरा

भारत का एक मात्र हीरा उत्पादक क्षेत्र अपनी चमक और एक अत्यधिक मूल्यवान रत्न की उपलब्धता के लिए प्रसिद्ध है। पन्ना ज़िले का मझगाँवा हीरा खदान टाइगर रिजर्व में हिनौता प्रवेश द्वार की सीमा पर स्थित है। यहाँ हीरा और पत्थर की खाने हैं तथा फ़ायर क्ले भी मिलता है। हीरे की चमचमाहट के दूसरे पहलू के साथ जुड़ा हुआ है इसके खदान से उपजा प्रदूषण जो कहीं-न-कहीं केन नदी को प्रदूषित करती है साथ ही साथ यहाँ के खदानकर्मी यहाँ के जंगलों को प्रभावित करते हैं।

खजुराहो

खजुराहो ने अपने खजूर के पेड़ों के विशाल बगीचे के कारण यह नाम पाया होगा, तो इब्नबतुता ने इस स्थान को 'कजारा' और हवेनसांग ने 'चि: चि: तौ' लिखा। अलबरूनी ने 'जेजाहुति', तो संस्कृत में 'जेजाक भुक्ति' कहा गया। खजुराहो ने अपने अद्‌भुत मन्दिरों और कामरत मूर्तियों के कारण विश्व धरोहर सूची में स्थान बनाया है। हिन्दू और जैन मन्दिरों ने विश्व पर्यटन में एक प्रमुख जगह दिलायी है। चन्देल शासकों द्वारा बनवाये गये पचासी मन्दिरों में आज बाइस मन्दिर ही शेष बचे हैं। अर्थ मण्डप, मण्डप और गर्भ गृह में इन मन्दिरों को बाँटा गया है।

कन्दरिया महादेव, चौसठ योगिन, चित्रगुप्त मन्दिर के अलावा आदिनाथ और विश्वनाथ मन्दिर हैं। चालुक्यों और कलचुरी राजाओं ने भी कई मोहक कृतियाँ बनवायीं। यहाँ के मन्दिरों में योग, भोग और भक्ति के दर्शन एक साथ होते हैं। खजुराहो अपने पुराने स्थापत्य नमूनों के साथ अपने जल-प्रबन्धन के लिए भी प्रसिद्ध है।

रौशनी में नहाया खजुराहो का मन्दिर

पन्ना की आदिम महक

जंगल को जीवन यहाँ के आदिवासियों ने भी माना। लुप्तप्राय पुलिन्द, निषाद, शबर और गोण्ड यहाँ के प्रमुख आदिवासी रहे हैं। गोण्ड बनजारिन माई को वन देवी मानते हैं। सरई (साज) के वृक्ष पर बड़े देव का वास मानते हैं, इस कारण इनकी पूजा की जाती है। गोण्ड आग की पूजा नहीं करते हैं। सूर्यग्रहण एवं चन्द्रग्रहण के समय बड़ा देव की पूजा की मनाही है। इन इलाक़ों में महिषासुर की पूजा के भी साक्ष्य मिले हैं। इस पूजा के लिए जौ के रस का प्रयोग करते हैं। इसके अलावा हर घर में कुल देवी की पूजा होती है। इन आदिवासियों में चकना नाम से एक प्रथा है जिसमें ग्रामवासी अपना सुरक्षा चक्र तैयार करते हैं। आदिवासियों के दूल्हा देव

की तरह मैर बाबा की पूजा की जाती है। घर के किसी कोने में चौकोर आकार बनाकर इस देवता की पूजा होती है।

बकौड़याई पूनो यानी आषाढ़ माह के पूर्णिमा को बकौड़ा (पलाश की जड़) को रक्षा सूत्र की तरह बाँधने का काम करते हैं। समाज में लड़कियों को विशेष स्थान है। छतरपुर ज़िले में बुन्देली उत्सव मनाया जाता है जिसमें राई और फाग नृत्यों के साथ स्वाँग का भी समावेश रहता है। पन्ना टाइगर रिजर्व के बफर जोन में गतिविधियों में लकड़ियों को काटने के अलावा अवैध रेत-खनन मुख्य समस्या है। जंगली जानवरों के शिकार पर अभी थोड़ा लगाम है। इन समस्याओं से तो निजात पायी जा सकती है, पर पन्ना के ऊपर ख़तरे के घने बादल के रूप में मँडरा रहा है केन-बेतवा लिंक प्रोजेक्ट। केन नदी के पानी को उत्तर प्रदेश के बेतवा नदी से जोड़ने वाली इस परियोजना का मकसद है सूखाग्रस्त बुन्देलखण्ड क्षेत्र में सिंचाई के लिए पानी पहुँचाना, लेकिन, यह परियोजना पन्ना के पारिस्थितिकी पर कहर ढाने वाली है। परियोजना में एक डैम प्रस्तावित है जिसके कारण पन्ना का 10% के क़रीब बाघों का मुख्य अधिवास जल-समाहित हो जायेगा, जो बाघ संरक्षण के प्रयासों पर गहरा झटका होगा। 77 मीटर ऊँचे डैम के कारण ऊँची शिलाओं पर गिद्धों के घोंसले के स्थान नष्ट हो जायेंगे। इसके कारण ना सिर्फ 20,000 से अधिक की आबादी विस्थापित होगी बल्कि परियोजना के दुष्प्रभाव से केन घड़ियाल सैंक्चुअरी भी अछूता नहीं रहेगा।

भारत और भूटान की सीमा से : मानस नेशनल पार्क

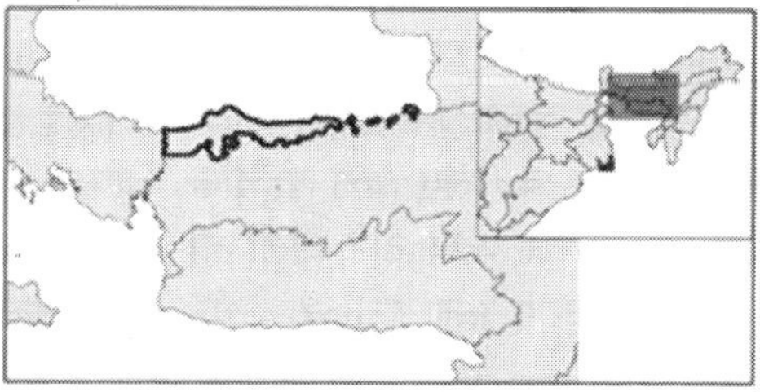

हर मनुष्य अपनी सीमाओं में जकड़ा हुआ है। न्यूनतम जगह की चाह में पहले घर के चारों ओर दीवार बनायी तो फिर खेतों के चारों ओर बाड़े लगाये। पगडण्डियाँ बनाकर अधिकार क्षेत्र निर्धारित किये। मनुष्यों ने राष्ट्रों को अलग करने के लिए अपनी सीमाएँ बनानी शुरू कर दी। भारत और भूटान दो अलग-अलग देश हैं। इस बात को तय करती है इनके बीच की ऊँची पर्वतमाला, जिनके बीच से निकल कर बहती है 'मानस' नदी। भूटान की इस नदी के पास अपना अपवाह तन्त्र है। हिन्दू मान्यताओं के अनुसार शिव की पुत्री 'मनसा' जो साँपों की देवी थीं; उनके नाम पर इस 376 कि.मी. लम्बी नदी का नाम मानस पड़ा। नदी अपनी 272 कि.मी. यात्रा भूटान में तय कर बाकी 104 कि.मी. की दूरी भारत के असम राज्य में पूरा करती है। भूटान भारत और चीन के बीच बफर स्टेट के समान है।

चीन ने जब तिब्बत पर अपना क़ब्ज़ा जमाया उसके बाद से भूटान का सामरिक महत्व भारत के लिए बढ़ता चला गया। भारत और भूटान के नागरिकों को एक-दूसरे की सीमा में आने-जाने के लिए किसी वीजा की ज़रूरत नहीं होती।

साल 2015 ई. के क़रीब एक फ़िल्म आयी थी 'लंच बॉक्स', जिसमें नायक ने नायिका से घूमने और बसने की बात की। नायिका ने खुशियों के इण्डेक्स के अत्यधिक होने के लिहाज से भूटान ज़ाने की मासूम इच्छा जतायी थी। आय, स्वतन्त्रता, भरोसा, स्वस्थ जीवन, उम्मीद और सामाजिक सुरक्षा की दृष्टि से यह देश दूसरे देशों के लिए एक उदाहरण है। 'मानस नेशनल पार्क' की बातों के साथ खुद-ब-खुद जुड़ता चला जाता है भूटान। मानस नाम इतना महत्त्वपूर्ण और जैव-विविधता के मामले में धनी है कि यह नाम भारत में ही नहीं भूटान का 'रॉयल मानस नेशनल पार्क' भी है।

मानस : इतिहास के झरोखे से

मानस नेशनल पार्क के 360 वर्ग कि.मी. भाग को एक अक्टूबर 1928 ई. को ही एक सैंक्चुअरी बनाया गया था। इसके पूर्व में यह मानस रिजर्व फॉरेस्ट और उत्तरी कामरूप रिजर्व फॉरेस्ट कहलाता था। जब देश में बाघ संरक्षण के लिए प्रोजेक्ट टाइगर की शुरुआत की गयी तो 1973 ई. में प्रारम्भ के नौ रिजर्वों में मानस को भी स्थान मिला। कूच बिहार के राजा और गौरीपुर का शाही परिवार यहाँ शिकार के द्वारा मनोरंजन करते थे। बाद में यूनेस्को ने इसे अपनी धरोहर सूची में शामिल किया था।

भला! क्यों न हो धरोहर, इसमें विभिन्न किस्मों के पेड़-पौधों और जानवरों की प्रजातियाँ पायीं जाती हैं। लगभग 550 वनस्पति प्रजातियों से भरा-पूरा यह रिजर्व बाद के दिनों में बोड़ो लैंड के गौरव के रूप में जाना जाने लगा। इस धरती पर व्यक्ति की अस्मिता की लड़ाई ने यहाँ के जानवरों को ख़तरे में डाल दिया, लेकिन तब तक सरकार ने 1990 ई. आते-आते तक कहितमा रिजर्व और पानबारी रिजर्व को मानस के साथ जोड़ दिया गया था। उस समय बोड़ो आन्दोलन अपने चरम पर था इस कारण इसकी जैव-विविधता को हो रहे नुक़सान के कारण 1992 ई. में यूनेस्को ने इसे ख़तरों से जूझते विश्व धरोहर में सूचीबद्ध कर दिया। वहाँ की शिकार की गतिविधियाँ और बोड़ो आन्दोलन की वजह से एक प्रतिष्ठित तमगा छिन गया था। बाद में संरक्षण के किये गये प्रयासों का असर हुआ और जून 2011 ई. तक पुनः यूनेस्को ने मानस को विश्व धरोहर सूची में शामिल कर लिया।

मानस की दुनिया 'मानस' नदी और वहाँ की जनजाति 'बोड़ो' के इर्द-गिर्द ही घूमती है। वाइल्डलाइफ ट्रस्ट ऑफ इंडिया में काम करनेवाले सनातन डेका मानस नदी, जंगल और संरक्षण की तहों की यात्रा करवाते हैं और बताते हैं कि-'बोड़ो कई जनजातियों का समूह है। उनकी पश्चिमी जनजातियों में कुटिया, मैदानी कछारी, राभा, गारो, मेच, कोच, धीमल और जाइजोंग शामिल हैं; पूर्वी भाग में डिमासा, होजाई, लालुंग, टिपुरा और मोरांग शामिल हैं। 1825 ई. तक का बहुसंख्यक समूह अब अल्पसंख्यक होकर रह गया है।'

बोड़ो जनजातियों की रग-रग में बसा है संरक्षण

बोड़ो लोग जिस परम्परा को मानते हैं उसे बाथौइज्म कहते हैं। बाथौ उनकी भाषा का शब्द है इस नाम का अर्थ (बा = पाँच; थौ = सिद्धान्त)। उनके द्वारा माने जानेवाले पाँच सिद्धान्त हैं : बार (हवा),ओरर (अग्नि), हा (भूमि), द्वी (पानी) और ओखरंग (ईथर)।[80]

इनके देवता बथोवराई कहलाते हैं -'धान के संरक्षक देवता'। ये एक अप्रत्यक्ष देवता हैं, लेकिन प्रत्यक्ष रूप में बोड़ो अपने घरों के बाहर पूर्वोतर कोने में पौधा लगाते हैं जिसका नाम है सीजो *(Euphorbia ligularia)*। ऐसी मान्यता है कि यह भगवान शिव का पौधा है। उत्तर भारत के आँगन की तुलसी की तरह ही होता है इनका सीजो। धान की फ़सल की सुरक्षा में बसी होती है इनकी धड़कनें। बाघ, हाथी और गैंडा जैसे जीवों के वरदानस्वरूप मिलने के बावजूद इनके मन से हाथी का भय नहीं जाता है। शोधों के अनुसार गर्मी और सर्दी के मौसम में हाथियों का उत्पात बढ़ जाता है। जून, जुलाई एवं अगस्त में धान की फसल हाथियों के खाने लायक हो जाती है, जिसके लालच में हाथी गाँवों का रुख़ कर लेते हैं। सुरक्षा के उपायों के अलावा इनकी रोज़ की प्रार्थनाओं में शामिल होता है कि हाथियों का उत्पात कम हो। बोड़ो प्रकृति के साथ मिलकर उसकी थिरकनों को अपना साथ बनाते रहें हैं। बोड़ो जनजातियों के द्वारा किये

80. Tripathi, S. 2020. A study on the different dimesions of Bodotribal community of Dalbari village in Barama block of Baksadistrict in Assam,India, Int. Jour. Of Res. Cul. Soc., 4 (1), 87-91.

गोमोछा बुनती बोड़ो महिला

जाने वाले नृत्य को 'बागुरूम्बा' कहते हैं। ये हरियाली के आस-पास रहना चाहते हैं। पौधे, जानवर, तितलियाँ, नदी की धाराएँ आदि उनके इस नृत्य में प्रतीकात्मक शामिल होते हैं। इस नृत्य के साथ सबके क़दम अपने आप उठने लगते हैं।[81]

वाइल्डलाइफ ट्रस्ट ऑफ इंडिया ने संरक्षण की इस तरह की कोशिशों को जन-जन तक ले जाने के लिए स्कूली बच्चों के साथ पेंटिग और नाटक को माध्यम बनाया। इस माध्यम से जल-संरक्षण भी बताते हैं। बच्चों के मन में मानस नदी की छवि अंकित कर यह बताना उनका लक्ष्य है कि जंगल के गर्भनाल से ही नदियाँ जुड़ी हुई हैं। पहाड़ों से निकलने वाली नदियाँ बारिश के लिए जंगलों का ही मुँह ताकती हैं।

बोड़ो के कुछ सामाजिक वर्गों के नाम भी जंगलों और जानवरों के नाम से जुड़े हुए हैं। जैसे मुसाहरी: मुसा (बाघ) + अरि (समूह)।

---

81. Tripathi, S. 2020. A study on thedifferent dimesions of Bodotribal community of Dalbari village in Barama block of Baksadistrict in Assam,India, Int. Jour. Of Res. Cul. Soc., 4 (1), 87-91.

इस वर्ग के लोगों का कर्तव्य होता है कि वे अपने गाँव और आस-पास के पालतू पशुओं को बाघ से बचायेंगे। इसी प्रकार हाथी या अन्य जानवरों से रक्षा के लिए वर्ग बने होते हैं।

धान की फसल के बाद इनकी सारी निर्भरता जंगल के साग-पात और मछलियों आदि पर होती है। औषधीय पौधों के गुणों को ये बखूबी जानते हैं। बोड़ो महिला के हाथ की बनी औटेंगा माहोर झोल के स्वाद की बात ही अलग है। औटेंगा एक जंगली फल है जिसे 'एलिफैंट एपल' *(Dillinia indica)* भी कहा जाता है जिसे हाथी और अन्य जंगली जानवर भी खाते हैं। बोड़ो और असमिया लोग इसे मछली में डालकर स्वादिष्ट व्यंजन (औटेंगा माहोर झोल) बनाते हैं। बोड़ो भाषा में औटेंगा को थाई गिर कहते हैं।[82]

उत्सवधर्मी बोड़ो संक्रान्ति के एक दिन पहले फसलों की हाथियों से रक्षा की कामना के साथ बँखुरी त्योहार मनाते हैं। बँखुरी पहाड़ी की चोटी पर पहुँच उतरने की प्रतियोगिता होती है, जिसमें हुजूम-सा लगता है। आजकल बोटोलैंड काउंसिल ऐसे आयोजन करवा रही है। ताम्बूल और पान से अतिथियों को सम्मानित करनेवाली बोड़ो की यह धरती अपने गोमोछा से लोगों को विदाई देकर जोड़ती है।

मानस की प्राकृतिक विरासत

मानस असम के बक्सा ज़िले की शान है। मानस की भूमि नेशनल पार्क के साथ ही साथ टाइगर रिजर्व, एलिफैंट रिजर्व और बायोस्फेयर रिजर्व भी है। यह हिमालय की तराई के कई लुप्तप्राय वन्यजीव प्रजातियों से भरा हुआ है। साठ से ज़्यादा स्तनधारियों की प्रजातियाँ तो तीन सौ से ज़्यादा प्रजातियों के चिड़ियों की चहचहाहट सुनाई देती है। यहाँ चालीस से ज़्यादा साँप-छिपकली वर्ग तो सात प्रकार के मेंढक, पचास से ज़्यादा मछलियाँ तथा सौ से ज़्यादा प्रजातियों के फतिंगे पाये जाते हैं। टेंट टर्टल, गोल्डेन लंगूर,

82. Das, S., Khan, M. L., Rabha, A. and Bhattacharjya, D. K. 2009. Ethnomedicinal plants of Manas National Park, Assam, Northeast India, Indian Journal of traditional knowledge, 8(4), pp.514-517.

पिग्मी हॉग तो कीचड़ पसन्द जंगली भैंसे मानस की शान हैं। मानस के वनों की सुन्दरता में चार चाँद लगाते विस्तृत घास के मैदानों में नर बंगाल फ्लोरिकन मादा को रिझाने के लिए ऊँची-ऊँची छलाँगें लगाता दिख जाता है। अगर यह कहें कि पिग्मी हॉग का अस्तित्व मानस से है तो यह अतिशयोक्ति नहीं होगी क्योंकि मात्र 20 से 30 से.मी. ऊँचाई वाले सूअर कुल के इस जीव की सबसे बड़ी और शायद अकेली आबादी मानस में ही पायी जाती है। इसे स्थानीय भाषा में 'नोल गहोरी' कहते हैं। मूल रूप से बिहार के गौतम नारायण या गौतम दा शोध करने के लिए मानस गये और वहीं के होकर रह गये। ये पिग्मी हॉग प्रजनन एवं संरक्षण कार्यक्रम के जनक माने जाते हैं तथा इस अतिलुप्तप्राय प्राणी को मानस में बचाने के लिए भगीरथ प्रयास कर रहे हैं। मानस नदी ब्रह्मपुत्र की एक मुख्य सहायक नदी है जो पार्क के पश्चिमी भाग में उत्तर से दक्षिण की ओर बहती है। बाद में यह बेकी और भोल्कडुबा में बँट जाती है। मानस की सुन्दरता मथानगुड़ी के वन-विभाग के विश्रामागार के पास देखते ही बनती है।

भूटान के पहाड़ के नीचे अवस्थित कुछ ऐसा दिखता है मानस

कहते हैं कि मानस नेशनल पार्क के विख्यात निदेशक एवं नॉर्मन बोरलॉग पुरस्कार से सम्मानित स्वर्गीय संजय देबराय ने हस्पताल में अपने जीवन की आख़िरी साँसों को गिनते हुए इसी मानस के पानी में अपनी अस्थियों

को प्रवाहित किये जाने की इच्छा जतायी थी, जो मृत्युपरान्त पूरी की गयी। मानस के साथ पाँच अन्य नदियाँ भी पार्क से गुज़रती हैं।

अन्य संरक्षित क्षेत्रों की तरह मानस ने भी कई झंझावात सहे। विश्व विरासत सूची में नाम जुड़ना, फिर हटना। यह वो काल था जब मानस की महत्त्वपूर्ण प्राकृतिक विरासत शिकारियों के हत्थे चढ़ गयी। मानस से सैकड़ों गैंडों का सफाया कर दिया गया। हाथियों की निर्मम हत्याएँ हुईं और कई वनकर्मियों को भी अपनी ज़िन्दगी से हाथ धोना पड़ा। सामाजिक और राजनीतिक उथल-पुथल के कारण सरकार और वन विभाग ठीक से कार्य नहीं कर पाते थे। नेशनल पार्क की ठीक से देख-रेख नहीं होने के कारण मानस के सबसे महत्त्वपूर्ण अंग-इनके विस्तृत घास के मैदान कई जगहों पर बर्बाद हो गये। घासों के स्थान पर गैर-ज़रूरी खरपतवार और झाड़ियाँ आ गयीं। सेमल के वृक्षों ने मानस के घास के मैदानों पर कब्जा कर लिया। घास के मैदानों का मानस जैसे जंगलों में ख़ात्मे का मतलब है बारासिंघा, हॉग डियर, पिग्मी हॉग, हिस्पीट खरहा तथा बंगाल फ्लोरिकन जैसे विलुप्तप्राय जीवों का विलुप्ति की ओर बढ़ना।

हालाँकि स्थितियों के सुधरने के बाद बोड़ोलैंड की स्थानीय सरकार-बोड़ोलैंड टेरीटोरियल काउन्सिल; जिसने राज्य सरकार और गैर-सरकारी संस्थाओं के साथ मिलकर मानस की खोई विरासत को वापस लाने की ज़ोरदार कोशिश की। वाइल्डलाइफ ट्रस्ट ऑफ इंडिया ने 2006-07 ई. में यहाँ शून्य हो चुके गैंडों को पुनर्स्थापित करने के सफल प्रयास किये। बाद में इंडियन राइनो विजन 2020 कार्यक्रम के द्वारा भी गैंडे बसाये गये। नतीज़तन, आज मानस में गैंडों की संख्या 40 के पार पहुँच गयी है। यहाँ पाये जाने वाले बारासिंघे एक अलग उप-प्रजाति (इस्टर्न स्वाम्प डियर; वैज्ञानिक नाम: रुसर्वस डूवौसिली रंजीतसिंही)हैं, जिसे असम के लोग डोल होरिना कहते हैं। मानस में विलुप्ति के कगार पर पहुँच चुके इस उप-प्रजाति को असम सरकार और वाइल्डलाइफ ट्रस्ट ऑफ इंडिया के प्रयासों से काजीरंगा नेशनल पार्क से लाकर पुनः बसाया गया।[83] आज इनकी भी जनसंख्या शतक पार कर चुकी है।

83. https://www.wti.org.in/news/pioneering-translocation-of-eastern-swamp-deer-from-kaziranga-helps-them-find-a-second-home-in-manas/

मानस के किनारे बसे गाँवों में स्थानीय युवाओं के द्वारा गठित समितियों से यहाँ की सुरक्षा व्यवस्था पुख़्ता हो गयी है।

2008 ई. में मानस नेशनल पार्क एवं उससे सटे वन क्षेत्रों को मिलाकर 'ग्रेटर मानस' की अवधारणा को जन्म दिया गया। इसमें भूटान का रॉयल मानस भी है। इसका उद्देश्य हैं मानस का एक बड़े लैंडस्केप के रूप में प्रबंधन एवं सरक्षण किया जाये। अब तो इस लैंडस्केप में दो और नेशनल पार्क का गठन हो गया है–350 वर्ग कि.मी. में फैला मानस का प्रथम संयोजन और 422 वर्ग कि.मी. में फैला रायमना नेशनल पार्क। बड़े क्षेत्र के सुरक्षित होने का मतलब है यहाँ बाघ एवं हाथी समेत अन्य वन्यजीवों के अस्तित्व की गारंटी।

हाल के वर्षों में मानस को जानवरों के सुधार गृह की तरह भी प्रयोग में लाया जा रहा है। कहानी एक बाघ की है जिसे शिवसागर ज़िला असम से लाकर मानस में रखा गया। इस बाघ ने दो मनुष्यों को मौत के घाट उतारा था। जगह परिवर्तन एवं पर्याप्त भोजन, पानी की सुविधा के द्वारा जानवरों के अवसाद को कम करने का तरीक़ा सही सिद्ध हुआ। रेडियो-कॉलर के द्वारा इस बाघ की निगरानी होती रही। लगभग ग्यारह सौ दिन बाद उसके रेडियो कॉलर गिर गये थे और उसका व्यवहार सामान्य था।

आधिकारिक आँकड़े बताते हैं कि 2006-2016 ई. के बीच असम में जंगली हाथियों ने 800 लोगों को मार डाला। भारत सरकार के आँकड़े बताते हैं कि हर रोज़ बाघ नहीं तो हाथी के हमले से एक व्यक्ति की मौत होती है। मानस में भी कुछ जंगलों को काटकर चाय बागान बनाए गये हैं। इन्सानी आबादी बढ़ने, हाथियों के लिए भोजन की कमी और अन्य कारण इन्हें बस्तियों और गाँवों की ओर खींचते हैं, जहाँ दोनों के बीच संघर्ष जारी है। मानस में भी जंगली हाथी इसके दक्षिणी सीमा पर अवस्थित गाँवों में आये दिन उत्पात मचाते रहते हैं। कारण कि मानस के जंगलों के ऊपर मानवीय दबाव काफ़ी है जिससे हाथियों की शान्ति में खलल पड़ती है। साथ ही साथ उन्हें गाँवों में फसल के रूप में आसानी से पौष्टिक भोजन मिल जाता है, जिसके लिए वो अपनी जान भी जोखिम में डाल देते हैं। गुस्साये स्थानीय लोग कई बार इन्हें मार भी देते हैं। इस समस्या का समाधान निकालना ज़रूरी है। प्रयास जारी हैं, आशा है ये सफल भी होंगे।

अतिरिक्त सन्दर्भों की सूची

1. India, 2010: A Reference Annual, Publications Division, Ministry of Information and Broadcasting, Government of India.
2. Danda, A. A. and, Sriskanthan, G. 2011.Indian Sundarbans Delta A Vision:,WWF India.
3. McDougal, C. 1977. The face of the Tiger, London Rivington Books.
4. 'Magical Melghat'. Android App of Melghat Tiger Reserve
5. O'Malley, L.S.S. 1907. Bengal District Gazetteer: Palamau. The Bengal Secretariat Book Depot.
6. Palamau Tiger Reserve: Three decades of Activities and Achievements. Published by Department of Forests and Environment, Government of Jharkhand.
7. Pench Stripes. 2016. The Official Pench Tiger Reserve Magazine, Third volume, Pench Tiger Reserve in MP India. Pench Tiger Reserve.
8. Prater, S. H. 1965. The book of Indian animals, second (Revised) edition, Bombay Natural History Society Mumbai, Oxford University Press, New Delhi.

9. Sanderson, G. P. 1878. 13 Years among the wild beasts of India. London W.H. Allen UK.
10. Schaller, G. 1967. The deer and the tiger: a study of wildlife in India. The University of Chicago Press, Chicago, Illinois, USA.
11. Seidensticker, J. and McDougal C. 1993. Tiger predatory behavior ecology and conservation symposium of the Zoological Society of London.
12. Seidensticker, J., Christie, S. and Jackson, P.(eds.). 1999. Riding the Tiger: Tiger Conservation in human-dominated landscapes, Cambridge University Press.
13. Sterndale, R. A. 1877. Seonee or Camp Life on the Satpura Range.
14. Basumatary et al. 2015. Study of forest based ethno wild vegetables and ethnomedicinal plants among the forest fringe villages of Greater Manas Landscape, Assam, IJSRP, 5(4): 1-15.
15. https://sundarbanaffairswb.in/home/geological_survey_of_india
16. Anon. 2006. Tales of the Tiger: An Information and Activity Manual for Teachers. Centre for Environment Education, Ahmadabad.pp. 54.
17. Goswami, D. 2012. The BODOS: Culture and Society. Journal Of Business Management & Social Sciences Research, 1, 88-103.
18. Tiger Conservation Plans of various Tiger Reserves.
19. www.BBC.com

20. www.cjp.org.in
21. www.dudhwalive.com
22. www.indiwaterportal.com
23. www.mandala.nic.in
24. www.sahapedia.org
25 www.sanctuaryasia.com
26. www.telegraphindia.com
27. www.thewirehindi.com